Rigoberto Puentes Carreño

¡EL CHIP DE LA PROSPERIDAD!

*El mejor regalo para tus hijos: Sembrar
la semilla de la riqueza en su cerebro.*

*Los valores..., las creencias..., los PARADIGMAS
FINANCIEROS que deberás implantar en el cerebro
de tus hijos para garantizarles éxito y bienestar
económico en la vida.*

Título en español:

EL CHIP DE LA PROSPERIDAD

Editado por: PMA Editores.
Dirección editorial: Luz Clemencia Mayorga.
Portada: Luisa Fernanda Puentes.

Diseño y Diagramación: Marlyes Rondón

Acerca del autor

Rigoberto Puentes es Ingeniero especializado en Ciencias Económicas y uno de los pocos Planificadores Financieros Personales certificados en Latinoamérica. Exejecutivo de la Corporación E.I. DuPont de Nemours, autor, profesor universitario y conferencista.

Su incursión en el campo de la educación financiera personal se produjo como resultado de algunos fracasos financieros que por poco lo dejan en una situación comprometida para la vejez.

Dejó su empleo en la compañía DuPont después de 30 años de servicio, cuando consideró que ya su posición económica era lo suficientemente sólida como para dedicarse a disfrutar de un merecido retiro temprano. Pero la providencia tenía otros planes para él. Su solidez económica resultó muy frágil ante la ambición de las entidades financieras con las cuales trató de hacer rendir sus fondos; por lo cual, después de algunas malas experiencias financieras decidió regresar a las aulas para especializarse en Planificación Financiera Personal y aprender a cuidar de sus ahorros.

Sus nuevos conocimientos fueron un descubrimiento para él. Se dio cuenta de la poca habilidad que tuvo en el manejo de las finanzas personales, y también se percató de que esta no era su exclusividad; por el contrario, era un mal que aquejaba a la gran mayoría de la gente.

Decidió entonces asumir la tarea de difundir la educación sobre finanzas personales… ¡Esa es actualmente su misión de vida!

Su primera acción en ese sentido fue la publicación del libro FINANZAS PARA PAPÁ, el cual pronto se convirtió en un *"best seller"*. Siete ediciones en cinco años, dan una clara idea de su éxito. Actualmente sirve de texto en varias universidades y otras instituciones educativas que están anticipándose a los programas masivos de educación financiera personal que están implantándose en todo el mundo.

Viendo la necesidad de expandir directamente la enseñanza de esta disciplina, creo la compañía Puentes Mayorga Advisors (PMA), a través de la cual se ofrecen cursos y seminarios sobre finanzas personales, dirigido principalmente a las empresas que deseen ayudar a sus empleados a mejorar la administración de sus ingresos.

El principal objetivo de EL CHIP DE LA PROPERIDAD es el de concientizar a los padres sobre la influencia (positiva o negativa) que ejercen en el futuro económico de sus hijos.

¡La educación financiera comienza en el hogar!

En 2014, el autor formó parte, junto con otros ocho profesionales de Alemania, Australia, EE.UU., Irlanda, Qatar y Suráfrica, del grupo de Planificadores Financieros convocados por la FPSB (Financial Planning Standard Board) para desarrollar los parámetros de estandarización de la profesión a nivel global.

CONTENIDO

INTRODUCCIÓN

La importancia de los paradigmas

–¡La Tierra es plana! ¡Sobre eso no hay discusión! – decía en voz alta el moderador del simposio, molesto por la insistencia de un pequeño grupo de jóvenes reaccionarios.

La gran mayoría de los asistentes se hacía eco de las palabras del moderador y con abucheos trataba de impedir que tomase la palabra uno de los miembros del grupo que había llegado con la alocada idea de que la Tierra era redonda.

–Pues mis cálculos demuestran que no es así –respondió el hombre, tan pronto tuvo la oportunidad de hablar. Mientras lo hacía, mostraba unos papiros con complicados cálculos, difíciles de entender aun para algunos de sus compañeros.

El que hablaba parecía ser el líder del grupo. Su nombre era Eratóstenes, un notorio matemático y geógrafo que venía acompañado por algunos de los amigos que compartían la misma teoría. Entre ellos destacaban algunas figuras muy conocidas hoy en día. Allí se encontraban Aristóteles, Isaías y Cristóbal Colón, quienes con sus gestos apoyaban decididamente los comentarios de su compañero.

Se trataba del comienzo del rompimiento de un paradigma. Tanto para el moderador como para la mayoría de los asistentes, "la Tierra era plana"; sobre eso no había dudas. Tenían esa creencia tan arraigada en sus mentes, que hasta les resultaba molesto que alguien tratara siquiera de discutirlo. ¡Ese era su paradigma!

El término "paradigma" empezó a popularizarse a partir de la publicación del libro "La estructura de las revoluciones científicas" (1962), del físico y filósofo Thomas Samuel Kuhn, en el cual el autor define los paradigmas de la siguiente manera:

"Considero los paradigmas como realizaciones científicas universalmente reconocidas que, durante cierto tiempo, proporcionan modelos de problemas y soluciones a una comunidad científica". Se refería con esa definición a las creencias y valores compartidos por gran parte de la humanidad, durante el tiempo que perdura un nuevo descubrimiento o desarrollo, hasta que viene algo nuevo y determinante que lo reemplaza, produciéndose entonces un cambio de paradigma. Un ejemplo clásico es el que da inicio a este libro, con el cual la humanidad vivió, tomó decisiones y actuó durante miles de años... hasta que vino alguien (no se sabe exactamente quién) y rompió con esta idea, dando lugar al inicio de una "revolución científica".

A partir de ese momento empezó a cuestionarse el paradigma existente y, poco a poco, en la medida en que fue estudiada, verificada (principalmente por los viajes de Colón) y aceptada por la comunidad científica de la época, se originó una nueva creencia: la Tierra era redonda. ¡La Tierra es redonda! Ese es nuestro nuevo paradigma, nuestra verdad actual.

Otro, no menos famoso paradigma, fue aquel de que el universo giraba alrededor de la Tierra (geocentrismo), con el cual la humanidad convivió y tomó decisiones y acciones durante mucho tiempo... hasta que vino alguien (posiblemente Aristarco de Samos) a iniciar la "revolución científica" y a tratar de establecer un nuevo paradigma. El cambio tomó algún tiempo; para expresarlo en números, pasaron más de mil años de estudios, discusiones y verificaciones para que se aceptara el heliocentrismo (la Tierra y los demás planetas giran alrededor del Sol) como el nuevo paradigma.

Fue el mismo Kuhn quien, años después de haber publicado el libro mencionado anteriormente, aplicó la palabra "paradigma" a las creencias, valores y técnicas compartidas por los miembros de una determinada comunidad.

Los paradigmas, tanto positivos como negativos, están tan arraigados en nuestra mente que son difíciles de cambiar. Sólo a través de la investigación, el estudio, el conocimiento y, por sobre todo, la flexibilidad mental, podemos generar la revolución personal que nos permita aceptar nuevos paradigmas que contribuyan a nuestro bienestar económico, para el caso que nos ocupa: el de los paradigmas financieros.

El origen de los paradigmas

¿Cómo nacen los paradigmas?

Pueden tener diferentes orígenes. Pueden iniciarse como leyes, decretos o reglas de un gobierno, comunidad u organización social, o pueden nacer del pensamiento de ideólogos, líderes y educadores con amplia influencia el resto de sus congéneres. Una vez asimilados por la comunidad con el tiempo se convierten en creencias y valores tradicionales que pasan de generación en generación. Usualmente no son comprendidos por las mayorías, sino que son aceptados como actos de fe, como a algo que "así es y no tiene discusión. Convivimos con ellos y los adoptamos como basamento para tomar muchas de las decisiones trascendentales de nuestra vida.

Para explicar el término "paradigma" algunos textos y páginas de Internet hacen el siguiente relato sobre un supuesto experimento realizado por un grupo de científicos.

Los monos y las bananas

Un grupo de científicos colocó cinco monos en una jaula, en cuyo centro instalaron una escalera y, sobre ella, un montón de bananas.

Cuando un mono subía la escalera para agarrar las bananas, los científicos lanzaban un chorro de agua fría sobre los que quedaban en el suelo. Después de algún tiempo, cuando un mono iba a subir la escalera, los otros lo agarraban a palos.

Pasado algún tiempo ningún mono subía la escalera a pesar de la tentación de las bananas. Entonces los científicos sustituyeron uno de los monos.

La primera cosa que hizo fue subir la escalera, siendo rápidamente bajado por los otros, quienes le pegaron. Después de algunas palizas el nuevo integrante del grupo ya no subió más.

Un segundo mono fue sustituido y ocurrió lo mismo. El primer sustituto participó con entusiasmo de la paliza al novato.

Un tercero fue cambiado y se repitió el hecho. El cuarto y, finalmente, el último de los veteranos fue reemplazado con igual resultado.

Los científicos quedaron, entonces, con un grupo de cinco monos que, aun cuando nunca recibieron un baño de agua fría, continuaban golpeando a aquel que intentase llegar a las bananas.

Si fuese posible preguntar a algunos de ellos por qué le pegaban a quien intentase subir la escalera, con certeza la respuesta sería: "No sé, las cosas siempre se han hecho así aquí..." ¿Te suena conocido?

La evolución de los paradigmas

Los paradigmas de nuestra primera infancia son determinados por el ambiente en el cual nacemos, crecemos y nos desarrollamos. Son los padres quienes los siembran en el cerebro de sus hijos.

Los paradigmas financieros que adquirimos durante la niñez nos acompañarán por un largo rato o por toda la vida, y marcarán las bases sobre las cuales apoyaremos nuestras decisiones y acciones relacionadas con el dinero y la riqueza.

Si tenemos mucha suerte, nuestros padres serán la fuente de paradigmas adecuados que nos permitirán ganar tiempo en la construcción de riqueza y bienestar. Si nuestra suerte no es tanta, como ocurre en la mayoría de los casos, y nuestros padres no disponen -ellos mismos- de los paradigmas apropiados, perderemos un tiempo valioso hasta encontrarlos. A algunas personas las circunstancias las conducirán hacia un ambiente propicio (institución educativa, empresa, pareja, grupo social, etc.) que las llevarán a descubrir los paradigmas correctos y a realizar los cambios que las ayuden a recuperar el tiempo perdido y a lograr el éxito financiero. Otras, las menos afortunadas, pasarán la vida atrapadas por los paradigmas errados que les impedirán encontrar la ruta del bienestar económico.

En el mundo del dinero existen muchos paradigmas negativos, iniciados por personas o grupos de personas que han tenido la habilidad de influenciar a sus congéneres y hacerles creer ciertas "verdades", en algunos casos de buena fe, y en otros con la finalidad de tomar ventaja sobre ellos.

En los siguientes capítulos veremos algunos de los paradigmas financieros que más contribuyen con la situación económica de todo el mundo. La invitación a mis apreciados lectores es para que los lean con atención y luego se detengan a reflexionar si su vida está siendo afectada por alguno de los paradigmas bloqueadores de riqueza, cuestionarlos y ponerlos en una balanza, hasta determinar si está bien seguir con ellos o si, por el contrario, deben cambiarlos para mejorar su situación económica.

La mente humana es heterogénea y a veces incomprensible. Algunas personas no podrán desprenderse de sus paradigmas bloqueadores del dinero, pero espero que haya otras a quienes sí les sea posible hacerlo y que le abran espacio a la creación de riqueza... a lograr bienestar económico.

Dentro de los temas que se tocan en los siguientes capítulos, algunos no son paradigmas como tales, sino sanas prácticas financieras que contribuirán a mejorar la situación económica.

Sugiero a mis lectores que no se detengan en la parte semántica, sino que adopten esas ideas como verdaderos paradigmas y las internalicen como tales. Eso redundará en su propio beneficio

Parte I

LOS PARADIGMAS DEL DÍA A DÍA

Capítulo 1

La meta: alcanzar el "Óptimo Económico"

El objetivo de la vida es la felicidad y esta es diferente para cada persona. La felicidad no se palpa..., se siente; es un estado mental positivo... es algo más allá de lo mero material...más allá del dinero... Sin embargo no creo que nadie pueda negar la importancia del dinero en la calidad de vida y, por ende, en la felicidad. Así lo reconoce mordazmente Woody Allen:

"El dinero no da la felicidad, pero procura una sensación tan parecida, que se necesita un especialista muy avanzado para notar la diferencia".

La calidad de vida es un ingrediente fundamental en la receta de la felicidad y el dinero es un componente indispensable de la calidad de vida; pero el efecto del dinero sobre esta tiene un punto de saturación; un punto en el cual... más dinero no genera mejor calidad de vida. Funciona igual que los fertilizantes en las plantas: ellas requieren una cantidad óptima de abono para desarrollarse vigorosamente; el fertilizante adicional que se agregue, se pierde... Inclusive puede ser nocivo para la planta... por cuanto esta ha sobrepasado su punto de saturación.

En el campo de las finanzas personales el punto de saturación determina el "óptimo económico", el cual expresado en términos prácticos, nos dice que "los privilegiados que logren obtener, ¡CON HOLGURA!, las cosas fundamentales que el dinero puede comprar: alimentación, vestido, vivienda, educación, seguridad, transporte y recreación, habrán llegado a su nivel óptimo de calidad de vida que el dinero puede aportarles". Son las personas que yo llamo "autoprivilegiadas".

¿Cómo podemos saber cuándo hemos llegado al "óptimo económico"?

No hay una fórmula matemática; es algo que cada quien tiene que responderse. En un extremo tenemos a los Bill Gates´, Warren Buffet´s y Carlos Slims´ del mundo, y en el otro extremo tenemos a los ermitaños, que con tener lo suficiente para subsistir se sienten satisfechos.

El mensaje importante aquí es que la riqueza no debe tomarse como un fin en sí mismo, sino como un medio para lograr calidad de vida y por ende felicidad... ¡que al fin y al cabo es de lo que se trata!

Para entender mejor el concepto es necesario adentrarnos en el terreno de "darse cuenta", es decir de ser conscientes de lo que se tiene en relación con lo que se necesita; en apreciarlo, en valorarlo como una fuente de satisfacción. La felicidad que nos genera el dinero depende de nuestra habilidad para convertirlo en bienestar... en calidad de vida, y eso pasa por saber administrarlo, lo cual conlleva poder disfrutarlo sin temores, sin ansiedad, sin estrés...

El siguiente relato nos ayuda a comprender el concepto:

¿Quién es el autoprivilegiado?

En una ciudad vivían tres padres de familia que, de acuerdo con sus balances personales, tenían exactamente el mismo patrimonio. Podríamos decir que eran igualmente ricos.

El primero tenía representada su fortuna en una lujosa vivienda, acompañada de una lujosa hipoteca; un par de costosos automóviles último modelo, que aún estaba pagando y una hermosa finca de recreo. Sus ingresos eran altos, pero sus egresos lo eran más. No tenía ahorros para el futuro y vivía permanentemente angustiado porque el dinero no le alcanzaba para cubrir todos sus gastos.

El segundo personaje de la historia tenía toda su plata invertida en una cuenta que le generaba jugosos intereses. No tenía vivienda ni vehículo propios. Pensaba que eran demasiado costosos, así que vivía arrendado en un pequeño apartamento y usaba transporte público. Ahorraba una parte importante del salario. Con el resto vivía estrechamente. Tenía dinero, pero estaba permanentemente preocupado por la seguridad del mismo.

Cada vez que se enteraba de la quiebra de alguna entidad financiera o de algún desfalco como los de DMG, Stanford o Madoff, se le hundía el estómago y pasaba varias noches sin dormir.

El tercer padre de familia tenía una vivienda confortable, adecuada para sus necesidades, y un vehículo de modelo reciente, bonito y cómodo. El resto del dinero estaba en una inversión garantizada que le generaba un rendimiento que se reinvertía automáticamente, haciendo que la cuenta creciera permanentemente. Esa era su reserva para el futuro. La tenía bien calculada y sabía que tendría lo suficiente para cuando llegase el momento del retiro. El ingreso mensual que recibía le alcanzaba holgadamente para sus necesidades del día a día y, por lo tanto, vivía sin preocupaciones económicas y dormía profundamente todas las noches.

Recuerda que los tres tenían el mismo patrimonio. Te pregunto ahora: ¿cuál de los tres padres crees que está en su nivel **óptimo económico**? ¿Cuál de ellos es un auto-privilegiado?

Es obvio que solamente el tercero es un autoprivilegiado; los demás no están logrando que el dinero les genere calidad de vida.

¿Y en dónde radica la diferencia?

Es claro que la diferencia no está en el monto de dinero que poseen, sino en la forma en que lo manejan. Mientras que el tercer padre de familia sabe cómo administrar sus recursos financieros y mantiene un perfecto control sobre los mismos, los otros dos viven con un marcado desequilibrio en sus finanzas. Y lo más importante de todo es la percepción que los tres tienen de su propio patrimonio: mientras que el tercer padre de familia es consciente de su fortaleza económica, sabe cuál es su situación actual y tiene un plan concreto para el futuro, los otros dos viven en la incertidumbre. No importa cuánto dinero acumulen; si no aprenden a administrar sus bienes, nunca van a lograr disfrutar de la calidad de vida que debe generar la riqueza. El problema de los dos primeros no es escasez de dinero sino falta de educación financiera para poder apreciar lo que tienen.

El aprender a administrar apropiadamente el dinero y valernos de él solamente como un medio de bienestar económico y de calidad de vida hace que le demos su justo peso dentro de nuestra escala de valores. Por el contrario, quienes no lo hagan siempre tenderán a sobrevalorarlo.

Son muchas las historias de personajes brillantes en diferentes campos que reciben suficiente dinero durante su vida pero que, al no saber administrarlo, terminan en la indigencia y con la creencia de que su infelicidad fue causada por falta del mismo.

Un caso conocido es el del famoso dramaturgo y novelista irlandés Oscar Wilde, quien al terminar su vida en la indigencia, se expresaba de esta manera:

> *"Cuando estaba joven yo pensaba que el dinero*
> *era la cosa más importante de la vida;*
> *ahora que estoy viejo sé que lo es".*

Temas de reflexión:

¿Has pensado cuál es tu "óptimo económico"? Si aún no lo has hecho, trata de calcularlo.

Notas personales:

....
....
....
....
....
....

Capítulo 2

La Familia es una empresa...
la empresa básica de la sociedad

Una familia es una empresa que se inicia en forma unipersonal o como una sociedad de dos copartícipes. Generalmente comienza con muy poco dinero pero con un bagaje gigantesco de ilusión.

Como cualquier otra organización humana, sus probabilidades de éxito dependerán de la habilidad de sus administradores. Y para que estas estén a su favor, deberá funcionar, desde el punto de vista económico y financiero, como cualquier otra empresa industrial, comercial o de servicios... Deberá planificar cuidadosamente su futuro: fijarse objetivos y desarrollar estrategias para alcanzarlos, trabajar para potenciar sus fortalezas y minimizar sus debilidades, capacitarse y mantenerse actualizada con las nuevas tendencias, llevar control de su vida financiera, asegurándose de que paulatinamente va construyendo riqueza para el bienestar de todos, y más tomando en cuenta que dentro de los planes, generalmente, se espera traer nuevos miembros a la empresa, cuyo aporte, si bien es extraordinario desde el punto de vista emocional, económicamente sólo contribuirán con gastos, ¡muuuchos gastos!... durante muchos años. Esa es una responsabilidad que no puede tomarse a la ligera.

"La familia es una empresa... la empresa básica de la sociedad". Es fundamental aceptar este hecho y transformarlo en paradigma, porque de esa forma tus acciones estarán dirigidas a administrarla eficientemente, como lo harías con un negocio, haciendo uso de las mismas herramientas que utilizan estos para establecerse, crecer y generar ganancias para sus accionistas.

El organigrama de la empresa familia

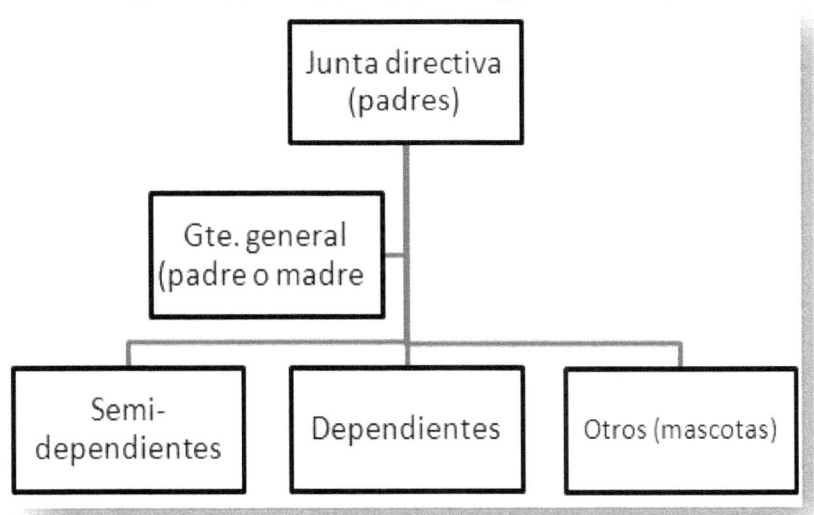

Accionistas: Todo el grupo familiar que recibe dividendos (bienestar económico y emocional) de la empresa: padre, madre, personas dependientes y semidependientes que habiten bajo el mismo techo, y otros (¡las mascotas, por supuesto!).

Junta directiva: El padre y la madre son, por definición, las personas responsables de tomar decisiones conjuntas sobre todos los asuntos referentes al hogar. En los casos de personas solteras o separadas (con hijos o sin ellos), esa responsabilidad recae totalmente sobre sus hombros.

Descripción de funciones: Por acuerdo unánime, la Junta Directiva debe definir las funciones específicas de cada uno de los integrantes de la empresa. Especial atención deberá prestar a los nuevos miembros, proveyéndolos de la capacitación y de los recursos académicos necesarios para que estén preparados al momento de crear sus propias empresas.

La Junta Directiva deberá designar a los administradores responsables de las posiciones claves y definirles sus tareas específicas.

El departamento de RR.HH. y Capacitaciones

Los directivos de la empresa familia deben prestar especial atención al departamento de Recursos Humanos y Capacitaciones, el cual es determinante para el desarrollo y progreso de la empresa. Con respecto a la educación formal, generalmente no hay conflictos. Muchas familias tienen el paradigma de la educación profesional. Eso es algo que no se cuestiona. Desde que el niño nace, los padres están mentalmente preparados para que él curse una carrera universitaria y dentro de su presupuesto contemplan este renglón como algo esencial. De la misma forma el niño inicia su educación formal sabiendo por anticipado que el recorrido es largo y que tendrá que pasarse su niñez, juventud y parte de su vida adulta estudiando. ¡No hay dudas al respecto! ¡Se trata de un paradigma!

No ocurre lo mismo con las familias que no tienen arraigado ese paradigma. El dilema de si los hijos deben recibir educación superior o dedicarse a ayudar a sus padres desde temprana edad es tema de discusión entre ellos.

Generalmente se trata de progenitores que no han tenido ese beneficio y por lo tanto no le dan su justo valor.

En el aspecto de la educación informal no existe un paradigma como tal. Generalmente las decisiones se toman de acuerdo con las aficiones de los padres. Si al papá le gusta el fútbol, el tenis o el béisbol, inscribirá al niño en la academia correspondiente. Si a la madre le gusta la equitación, la pintura o la música, hará que el niño asista a cursos sobre las mismas.

Mi sugerencia para los padres, los directores de la empresa, es que hagan una elección bien razonada. Antes de inscribir al niño en un curso de piano, de ballet, fútbol, tenis, etc., piensen cómo esa determinada habilidad va a ayudarlos para su futuro. Incluyan dentro de la lista de alternativas el desarrollo de habilidades económicas y financieras, que son asignaturas que el niño no va a aprender en la educación formal. Analicen qué va a ser más útil para el niño: ¿aprender ballet, piano o béisbol o aprender a manejar el dinero?

Hoy en día, existe una gran oferta de cursos de finanzas personales, muchos de ellos gratuitos. A partir de la crisis financiera de 2008 se despertó la inquietud por la educación económica y financiera en todo el mundo. Muchos países están incluyendo las finanzas personales dentro de sus programas de educación masiva, lo cual ha hecho que también entidades privadas se sumen al esfuerzo, ofreciendo cursos, seminarios, talleres, diplomados y certificaciones de diferentes niveles.

El departamento de Finanzas y Tesorería

Otra de las áreas fundamentales de cualquier empresa, incluyendo la empresa familia, es la del manejo del dinero. El gerente de ese departamento tiene una de las mayores responsabilidades y por lo tanto debe estar preparado para asumirla y llevar a cabo una gestión eficiente.

Perfil del gerente de Finanzas y Tesorería

Educación: *Nivel básico, matemáticas elementales (las cuatro operaciones y comprensión de porcentajes, particularmente interés compuesto).*

Experiencia previa: *Preferiblemente con alguna experiencia adquirida durante su etapa como dependiente.*

Otras características: *Actitud mental positiva hacia el logro de los objetivos, deseo de progreso, disposición para aprender, entusiasmo y perseverancia... Son cualidades indispensables para ejercer exitosamente el cargo.*

De las anteriores características probablemente la más importante es la última, por cuanto a través de ella podrá desarrollar las demás y sabrá adaptarse a las diferentes circunstancias que se le presenten a lo largo de la vida.

El siguiente relato, muy trillado en el medio financiero, muestra cómo las principales habilidades para ejercer el cargo no son precisamente las matemáticas.

La entrevista financiera

El gerente de una compañía está entrevistando candidatos para la posición de Director de Finanzas.

Entra el primer entrevistado y el gerente, sin dejarlo pensar mucho, le dispara la primera pregunta:

–¿Cuánto es dos y dos?

El entrevistado, pensando que se trata de una prueba de rapidez mental, responde velozmente:

–¡Cuatro!

–Gracias, –dice el entrevistador– no más preguntas.

Pasa el siguiente candidato y recibe la misma pregunta. Este, un poco más imaginativo que el anterior, piensa que se trata de una pregunta capciosa, y responde:

–¡Veintidós!

–Gracias, –dice el entrevistador– eso es todo.

Al tercer candidato le fue hecha la misma pregunta.

Este, un profesional experimentado en el área financiera, no duda en responder:

–¿Cuánto quiere que dé?

Por supuesto, este último fue el elegido para el cargo.

En términos generales su responsabilidad es la de administrar los recursos familiares con el fin de alcanzar el "óptimo económico". ¿Recuerdan el concepto?: aquel punto en el cual más dinero no genera mejor calidad de vida. Aquel punto en el que ya la eficiente administración del dinero ha logrado que consistentemente los ingresos familiares sean suficientes para cubrir holgadamente todos los gastos de la familia.

El gerente de Finanzas y Tesorería deberá llevar a cabo su gestión de acuerdo con un plan financiero bien fundamentado, en el cual contemple la obtención de fondos y su correspondiente asignación para las diferentes necesidades de la empresa (familia). Para ello deberá administrar los fondos de acuerdo con un presupuesto que le permita mantener liquidez suficiente y, además, crear las reservas necesarias tanto para las emergencias ocasionales como para el plan de jubilación de las cabezas de la organización (padre y madre).

La administración financiera es realmente sencilla. Para ejercerla de una forma efectiva, más que conocimientos matemáticos y financieros, lo que se requiere es disciplina para mantener bajo control los movimientos monetarios de la familia de una manera lógica.

Pero la responsabilidad de la economía familiar no sólo recae sobre el director del departamento; si bien él o ella son los coordinadores y controladores de los movimientos monetarios, todos los miembros del grupo familiar deberán capacitarse y contribuir para hacer que la gestión económica y financiera sea exitosa.

La participación de todos y cada uno de los integrantes de la familia es de una importancia fundamental, no sólo para sus miembros inmediatos sino para todo su entorno. Reflexionen por un momento: imaginen una sociedad en donde todas las personas están capacitadas para manejar eficientemente las finanzas personales... Ellas formarán familias prósperas, las cuales -a su vez- conformarán comunidades prósperas y estas, igualmente, crearán ciudades, estados y naciones prósperas.

> *"Un país conformado por familias prósperas*
> *será, indudablemente, un país próspero".*

Temas de reflexión:

¿Consideras que estás suficientemente preparado(a) para ejercer eficientemente la función de gerente del departamento de Finanzas y Tesorería de tu familia?

Notas personales:

....
....
....
....
....
....

Capítulo 3

La educación financiera
de los hijos es prioritaria

Hay dos materias que nadie nos enseña formalmente: cómo ser padres y cómo administrar el dinero. Dos tópicos tan trascendentales en nuestra vida, y no existe una formación regular sobre los mismos. Todos tenemos que aprenderlos y lidiar con ellos por el difícil y costoso método de acierto y error. Algunos, muy pocos, los aprenden en el hogar; otros logran asimilarlos a través de la experiencia y con ello levantan familias prósperas; pero los demás, las grandes mayorías, jamás logran captarlos y transcurren por la vida cometiendo errores y padeciendo dificultades económicas. En algún momento de su vida traen al mundo nuevos miembros, cuya expectativa de calidad de vida tiende a ser tan miserable como la de sus progenitores.

Si bien no todas las personas necesitan aprender cómo ser padres, no ocurre lo mismo con el dinero. En mayor o menor grado todo el mundo tiene que manejarlo, durante toda la vida. Aun así, en nuestro medio son muy pocas las personas que han captado la importancia de educarse y educar a sus hijos económica y financieramente. Existe, en nuestros países, el paradigma de que ese tipo de educación no hace falta, que se va aprendiendo en la vida... a través de la experiencia. Efectivamente, así lo hemos hecho y de ahí los resultados.

La educación del niño comienza por los padres. Tendrán que convencerse de que la educación financiera es prioritaria y entonces sí podrán llevar a cabo acciones conducentes a inculcar en el niño los paradigmas positivos hacia el dinero y la riqueza.

–¿Cuándo exactamente debe iniciarse la educación financiera de los hijos? –me preguntaban alguna vez.

–No existe un "exactamente" en educación infantil. Cada niño es diferente. El bebé comienza a absorber conocimientos del medio que lo rodea desde el mismo momento del nacimiento. Aprende a través del ambiente de su entorno, de los comentarios, las actitudes y el ejemplo de los mayores. En algún momento de esos primeros años el niño empieza a procesar la información que recibe y con ella va formando los paradigmas con los cuales tendrá que enfrentarse a la vida.

Hay una frase que desde la primera vez que la escuché llamó mi atención. Se trata de una cita de la señora Laura Bush, la esposa del expresidente de los Estados Unidos. Dice más o menos así:

> *"La edad entre el nacimiento y los cinco años es el cimiento sobre el cual pueden construirse vidas exitosas".*

Creo que esa cita aplica muy bien al área financiera. Se sabe que entre los dos y los tres años, aproximadamente, los niños pueden aprender a reconocer los números y también a contar. Es el momento de estimularlos a través de juegos que los distraigan y los ayuden a fijar los nuevos conocimientos en la memoria.

Está comprobado que el juego es el mejor método para enseñar a los niños. En el área de los números, es recomendable suministrarles juguetes que los contengan para que los niños empiecen a familiarizarse con ellos: bloques de madera, de aquellos que llevan los números grabados; cartas de naipes, juegos de lotería, etc. También sirven los juegos de dados y dominó que les permitirán practicar contando los puntos de cada dado o cada ficha.

En la medida en que van creciendo debe empezarse a familiarizarlos con el dinero, preparándolos para cuando comiencen a recibir su mesada. En algunas papelerías venden billetes de juguete, muy útiles para simular transacciones de compra y venta. También pueden ir con ellos al supermercado y explicarles cómo funciona el sistema.

Podemos aprender mucho de los chinos sobre la educación financiera infantil.

MBA en Shanghái

Todos sabemos que China ha estado de moda durante los últimos años, en muchos aspectos. No se queda atrás el área de la educación financiera personal. Nos cuenta una página de Internet que en Shanghái ofrecen un MBA financiero. Es decir una "Maestría en Administración de Negocios". No habría nada de especial con esa información si no fuese porque se trata de un MBA temprano, dirigido a niños entre los tres y los seis años. El negocio parece que va viento en popa. Una de las instituciones que nos muestra la información, llamada "Genius Baby", tiene más de cuatro mil niños matriculados que pagan $2.500 dólares cada uno, para atender al curso una vez por semana durante dos años. El curso cuenta con un plan de estudios de 12 materias. Entre otras: conceptos sobre ingresos, conceptos sobre *gastos, sobre negociación y otras áreas de economía. Por supuesto también les enseñan a los pequeños a hablar en público y a usar herramientas tecnológicas.*

Al igual que un MBA para adultos, el curso incluye también casos prácticos. Por ejemplo, los llevan a un supermercado, les entregan diez yuans (equivalentes a un poco más de un dólar, para el momento en que se escribió este libro) y les piden que compren tres productos que, entre todos, cuesten menos de los diez yuans para que puedan reclamar el vuelto. De esa forma, dicen los instructores, aprenden a comunicarse, calcular y manejar el dinero.

La educación infantil sobre economía y finanzas en el mundo

Pero no sólo China está promoviendo la educación infantil sobre el tema. Este es un movimiento que está dándose en todo el mundo, promovido por la OCDE (Organización para la Cooperación y Desarrollo Económico), la cual está incentivando a los gobiernos de todas las naciones a difundir programas de educación económica y financiera, principalmente a nivel de los niños. Países como Inglaterra, Nueva Zelanda, Australia, República Checa y Estados Unidos, ya tienen programas establecidos y funcionando a toda marcha. En Latinoamérica, Brasil y México ya han tomado la iniciativa. Otros, como Colombia, están desarrollando el proyecto.

La primera mesada

La vida financiera, generalmente, comienza el día en que el niño recibe su primera mesada para comprar su merienda. Aun sin saberlo está ingresando al mundo de las finanzas personales. Esto ocurre aproximadamente a los seis años, que es cuando la mayoría de los niños está en capacidad de controlar sus propios gastos. Pero necesitarán que alguien los estimule y les indique cómo hacerlo. Debe asignárseles una cantidad fija y, simultáneamente, debe ayudárseles a planificar cómo deben gastarla. Es necesario empezar a introducirlos en el lenguaje financiero, usando repetidamente delante del niño términos como planificación, presupuesto, ingresos, egresos, ahorro, estados financieros, etc., para que ellos vayan acostumbrándose a los mismos.

Es probable que algunos padres no conozcan estos conceptos. Los invito a que consulten el glosario que encontrarán al final de este libro. Una vez los comprendan, estarán preparados para transmitírselos a los hijos.

Dos palabras fundamentales: presupuesto y ahorro

En la medida en que el niño aprende las primeras nociones matemáticas podrá iniciarse la enseñanza de los conceptos de presupuesto y ahorro. Debe empezar a familiarizarse con ellos desde el mismo momento en que comienza su relación con el dinero. El niño tiene que crecer con el concepto de que dinero y presupuesto son dos compañeros inseparables; debe desarrollar la costumbre de mantener siempre un estricto control sobre sus ingresos y sus gastos. Una vez que adquiera el hábito, este se convertirá en un paradigma inherente a su naturaleza, una práctica que para él no representará ningún esfuerzo, sino que, por el contrario, será un ejercicio que realizará con gusto. ¡Siempre es agradable trabajar con una herramienta que uno domina!, más si se trata de una que ayuda a ahorrar y poco a poco ir creando riqueza.

El primer presupuesto de ingresos y gastos

Un recurso que puede utilizarse con los niños es el de contarles historias de personas que han tenido éxito financiero, hacerles ver que su éxito se ha debido primordialmente a que saben administrar el dinero y que todos ellos hacen uso del presupuesto para controlar sus ingresos y sus gastos. Probablemente ya no lo hacen ellos personalmente, pero con toda seguridad que cuando comenzaron sí lo hacían. Para darles un ejemplo, cuéntales la historia de Carlos Slim, regálales una libreta con cuadros prediseñados y una alcancía y, con esas herramientas, invítalos a que también ellos registren sus ingresos, sus gastos y sus ahorros.

La contabilidad de Carlos Slim Helu

Uno de los hombres más ricos del mundo, el mejicano Carlos Slim Helu, empezó a llevar el control de su vida financiera desde niño. Cuando aún estaba en la escuela preparatoria, su padre, Yusef Salim Haddad, le regaló una libreta para que anotara sus gastos. A partir de ese momento el futuro archimillonario creó el hábito de llevar un control estricto de todas sus operaciones financieras, lo cual lo ayudó en la creación de su fastuosa fortuna.

Temas de reflexión:

Cuando los hijos crezcan posiblemente comentarán:
"Mi situación económica se la debo a los paradigmas que me inculcaron mis padres".

Algunos lo dirán con orgullo y otros con decepción. ¿Cómo lo harán tus hijos?

Notas personales:

....

....

....

....

....

....

Capítulo 4

La riqueza no es mala...
los ricos sí van al cielo

Un paradigma que yo creía superado, pero que a estas alturas del siglo XXI aún persiste en la mente de muchas personas en todo el mundo, es aquel que dice que la riqueza es mala a los ojos de Dios.

La famosa frase de Cristo "Es más fácil para un camello pasar por el ojo de la aguja que para un rico entrar en el Reino de Dios" ha generado uno de los paradigmas más perversos en la historia de la humanidad cristiana. Ha servido de base para que muchos líderes inescrupulosos manipulen a sus seguidores induciéndolos a aceptar la pobreza como algo espiritualmente bueno que los llevará a disfrutar de felicidad eterna en la otra vida, mientras ellos, sacrificadamente, disfrutan de los bienes terrenales.

A propósito de esa frase, podemos leer en la Biblia que la intención de Cristo al pronunciarla no fue la de condenar la riqueza como tal, sino la de hacer ver que la gente adinerada estaría más expuesta a centrar su existencia en los bienes materiales y los placeres de la vida terrenal, olvidándose de los valores espirituales y, por ende, del destino de su alma. Yo invito a quienes quieran evaluar esa materia a que lean con atención la Biblia. En Marcos (10, 23) podemos leer textualmente lo siguiente:

La parábola de la aguja y el camello

Entonces Jesús, mirando alrededor, dijo a sus discípulos:

—¡Cuán difícilmente entrarán en el reino de Dios los que tienen riquezas!

Los discípulos se asombraron de sus palabras; pero Jesús, respondiendo, volvió a decirles:

—Hijos, ¡cuán difícil les es entrar en el reino de Dios a los que confían en las riquezas! Más fácil es pasar un camello por el ojo de una aguja que entrar un rico en el reino de Dios.

Ellos se asombraban aún más, diciendo entre sí: ¿Quién, pues, podrá ser salvo?

Entonces Jesús, mirándolos, dijo:

—Para los hombres es imposible, más para Dios, no; porque todas las cosas son posibles para Él.

Analizando el texto anterior vemos que hay dos frases en las cuales Jesús dice que para los que tienen las riquezas es difícil entrar en el Reino de Dios. ¡No dice que es imposible! Pero eso no es todo; al final Jesús aclara nuevamente que no es imposible porque "todas las cosas son posibles para Dios".

Como pueden ver, la intención de Jesús no fue la de poner un ejemplo imposible, sino difícil.

Algunos autores han encontrado otras explicaciones que corroboran cómo la intención de Cristo fue un llamado de alerta para quienes se olvidan de la parte espiritual y no una condena a la riqueza.

Explicaciones sobre la parábola
del camello y la aguja

Una versión cuenta que los "ojos de aguja" eran pequeñas puertas que tenían las ciudades amuralladas en la antigüedad. Era muy difícil, pero posible, pasar por estas montados sobre los camellos.

Una segunda versión refiere que los "ojos de aguja" eran pasos estrechos en las montañas, igualmente difíciles de atravesar con los camellos cargados.

Una tercera versión nos dice que San Jerónimo (el traductor oficial de la Biblia) interpretó la palabra "kamelos" como camello, cuando en realidad significaba soga... Una cuerda que bien puede ser deshilachada para pasarla a través del ojo de la aguja.

Por otra parte, existen otros pasajes de la Biblia que ensalzan la riqueza. Uno de ellos es el de la parábola de los talentos que se encuentra en Mateo (25, 14).

La parábola de los talentos

"Sucede en el Reino de los Cielos lo mismo que pasó con un hombre que, al partir a tierras lejanas, reunió a sus servidores y les encargó sus pertenencias. Al primero le dio cinco talentos de oro; a otro le dio dos; y al tercero, solamente uno; a cada uno según su capacidad, e inmediatamente se marchó...

El que recibió cinco hizo negocios con el dinero y ganó otros cinco. El que recibió dos, hizo otro tanto y ganó otros dos. Pero el que recibió uno, hizo un hoyo en la tierra y escondió el dinero de su patrón...".

La parábola nos cuenta que el hombre a su regreso ensalzó a los dos que hicieron producir el dinero y regañó al que no lo hizo.

La parábola de los talentos (cont.)

"Quítenle pues el talento y entréguenlo al que tiene diez, porque al que produce se le dará y tendrá en abundancia, pero al que no produce se le quitará hasta lo que tiene. Y a ese servidor inútil échenlo a la oscuridad de allá afuera: allí habrá llanto y desesperación".

Claramente en esa parábola Jesús nos invita a producir riqueza... Sin embargo en la parábola de la aguja y el camello nos advierte que es difícil para un rico entrar en el Reino de Dios. ¿Y entonces?... ¿Cómo ganarse el cielo con la riqueza?

¡Es fabuloso cómo la Biblia tiene respuesta para todo! La solución nos la da la parábola del buen samaritano... ¿la recuerdan? El viajero que ayudó al hombre que había sido asaltado por los bandidos, lo curó, lo transportó hasta un hotel y pagó al hotelero para que lo cuidara, diciéndole:

"Cuídalo. Lo que gastes de más
yo te lo te lo pagaré a mi vuelta".
Lucas (10, 25).

Entre otros hay dos mensajes interesantes que nos deja esa parábola: el primero es que el samaritano era un hombre que gozaba de una buena posición económica; poseía un medio de transporte en el cual llevó a su prójimo al hotel, tenía dinero extra para pagar un gasto totalmente imprevisto, como lo era la estadía del hombre asaltado, y contaba con un excelente crédito con el posadero, como para poder decirle con autoridad "cualquier gasto adicional, cárgalo a mi cuenta"; el segundo mensaje es que era un hombre generoso, un hombre dispuesto a desprenderse de una parte de su riqueza para ayudar a un desconocido que lo necesitaba...

¡Ahí tenemos la respuesta al conflicto aparente entre la parábola del camello y la de los talentos!: ¿Cómo hacer que la riqueza sea buena y nos ayude a ganar el cielo? ¡Compartiendo!... Ayudando a los menos afortunados. Distribuyendo aquella parte de la riqueza que está por encima del "óptimo económico", que ya no contribuye a mejorar nuestra calidad de vida...

¿Qué piensan otras religiones al respecto de la riqueza?

Las cuatro mayores religiones agrupan más del 80% de la población mundial: los cristianos, con más de 2.000 millones, son la mayoría. Si bien todos los seguidores de Cristo tienen como base de su enseñanza religiosa la Biblia, no todos han recibido iguales interpretaciones sobre la misma. Ni aun todos los cristianos-católicos (1.100 millones, aproximadamente) han crecido creyendo que "la riqueza es mala". Tengo la impresión de que donde más se popularizó este concepto fue en Latinoamérica, con los resultados que todos conocemos. ¿De dónde provino esa interpretación? ¿Fue una estrategia de la corona española para tener súbditos más sumisos en sus colonias? ¿O han sido los gobernantes posteriores quienes han acudido a ella para disimular su incapacidad de generar riqueza y cercenar las aspiraciones de bienestar y calidad de vida de sus seguidores? Creo que hay una mezcla de todo lo anterior.

El **Islam** es también numeroso (más de 1.500 millones). Uno de los cinco pilares del Islam es el de dar el "Zakat", lo cual significa ayudar a los necesitados. Se acepta el hecho de que existen los que tienen las riquezas, o mejor aun los que las administran porque todas las riquezas pertenecen a Dios, y los necesitados, aquellos que no fueron honrados con esa responsabilidad. Los primeros están en la obligación de dar a los segundos un porcentaje especificado de la riqueza generada.

En el **Hinduismo** (1.000 millones de creyentes aproximadamente), al igual que en el cristianismo, se ha desarrollado una gran diversidad de cultos y prácticas. ¡No podía ser de otra forma en 4.000 años de existencia! Pero hay algunas creencias y valores que se mantienen en la mayoría de ellas. Una de estas es la de los cuatro objetivos de la vida: 1) El Dharma, el más importante de todos, un concepto de existencia, felicidad y trascendencia, difícil de comprender para quienes no practican esa religión; 2) Kama, que simboliza placer, amor y deseo. De

ahí el Kamasutra; 3) Artha, que representa la riqueza o prosperidad material; y 4) Moksa, que simboliza la liberación. En Artha, el hinduismo reconoce la importancia de la riqueza y la coloca como uno de los objetivos que debe buscar todo ser humano para poder disfrutar de una calidad de vida adecuada, y brindársela a su familia. No condena el lujo pero, al igual que el cristianismo y el islamismo, hace énfasis sobre la responsabilidad social de quienes han alcanzado la riqueza hacia quienes aún no han logrado ese objetivo.

El **Budismo**, que tiene alrededor de mil millones de personas, también se refiere a la riqueza. Hay unas citas en especial que vale la pena transcribir.

Las citas de Buda

Sobre la riqueza:

"Es como el lago que se halla cerca de una aldea, donde la gente puede tomar su agua para beberla, puede bañarse en él y usarlo para muchos fines. Sus riquezas proporcionan gozo y no se desperdician... La fortuna bien empleada debe otorgar placer, principalmente a su dueño y a la familia de este. Enseguida vendrían los amigos y otras personas cercanas. Además, el tener riquezas significa que uno puede recuperarse cuando las cosas no van bien".

Por el contrario, sobre el avaro dijo:

"Un avaro no usa el dinero para su propio placer ni el de sus padres, su esposa o sus hijos; tampoco para el de sus esclavos, sus artesanos ni sus sirvientes, ni de sus amigos y colegas... Es como un lago de agua clara, cristalina, fresca y deliciosa, bello, rodeado de buenas tierras pero oculto en una región salvaje. Nadie bebe de él ni se baña ahí. Nadie lo aprovecha. Así son las riquezas de un avaro".

Es curioso cómo la avaricia tiene que ver muy poco con la riqueza. Su disfrute está en atesorar y atesorar sin un fin determinado. Algunos pueden llegar al extremo de privarse de necesidades básicas, o vivir en pobres condiciones con tal de no gastar los amados cobres... Ellos son los de un talento a los que se refiere la Biblia; prefieren enterrar su riqueza antes que ponerla a producir, disfrutarla y compartirla.

El **Judaísmo**: A pesar de no ser una de las religiones más numerosas (cerca de 12 millones), considero que es fundamental tomarla en cuenta, debido a que son los judíos quienes ostentan las mayores riquezas. De acuerdo con la Torá, su libro sagrado, se considera que la riqueza es deseable para mejor servir a Dios. En cierta forma se le considera como un premio al buen comportamiento ciudadano. Mientras que la pobreza se la ve como un castigo por portarse mal.

Hay episodios, como el de José y sus hermanos, en el que se muestra cómo la buena planificación de los recursos ayuda a compensar los tiempos de crisis económica con los de bonanza. Nos enseña cómo no deben consumirse todos los recursos en el presente sino que es necesario preservar algo para el futuro.

¿En qué medida los paradigmas religiosos de los judíos han ayudado a que sean los poseedores de las mayores riquezas? Pienso que han tenido una gran influencia.

Los libros sagrados son complejos de entender; los diferentes capítulos y versículos dejan espacio para diferentes interpretaciones; está en cada quien el elegir la que más le satisfaga. En este, como en muchos otros aspectos de la vida, los adultos podemos adoptar la versión con la cual nuestro espíritu se sienta más confortable. Es nuestra decisión. No así para los niños, quienes derivan la interpretación de sus padres y con esta forjan sus paradigmas financieros.

–¿Qué paradigmas debemos inculcar en nuestros hijos: los de la bondad de la pobreza o de la riqueza?

Cada padre tiene sus propias creencias y actuará en consecuencia. Pienso, sin embargo, que si elige el primero, deberá inculcarles también el paradigma de la búsqueda de la felicidad a través del ayuno, el sacrificio y la vida contemplativa, emulando a San Jerónimo, el ermitaño traductor de la biblia.

Temas de reflexión:

Analízate en lo más profundo de tu ser y averigua si tienes paradigmas religiosos o espirituales que bloqueen tu acceso a la riqueza.

Notas personales:

....
....
....
....
....
....

Capítulo 5

¿Cómo hacer para que el dinero contribuya con tu felicidad y la de tu familia?

–¡Descubriendo el secreto que encontrarás en el siguiente cuadro!

EJERCICIO					
1	A	10	J	19	R
2	B	11	K	20	S
3	C	12	L	21	T
4	D	13	M	22	U
5	E	14	N	23	V
6	F	15	Ñ	24	W
7	G	16	O	25	X
8	H	17	P	26	Y
9	I	18	Q	27	Z

Para descubrir el secreto, reemplaza los números
por la letra correspondiente:

20 9 5 13 17 19 5   21 5 14 5 19   4 9 14 5 19 16

Es posible que a muchas personas les parezca que eso no es ningún secreto, puesto que es algo obvio: cualquiera sabe que teniendo dinero se resuelven los problemas económicos.

Pero el tema no es tan sencillo; es fundamental tomar en cuenta la palabra mágica "SIEMPRE". El objetivo primordial de la Educación Económica y Financiera es el de aprender a tener SIEMPRE dinero.

¿Qué significa la frase SIEMPRE TENER DINERO?

Que SIEMPRE (¡en todo momento y durante toda la vida!) tengas lo suficiente para cubrir holgadamente tus gastos. Lo cual no significa tener "mucho" dinero. No tiene que ser "mucho", sino solamente el necesario para cubrir, con holgura, los gastos del día a día... para todos los días de tu vida. ¡Que nunca falte! De esta manera el dinero cumplirá su cometido, al permitirte disfrutar de una vida placentera junto a la familia; con tranquilidad, con calma, sin preocupaciones económicas..., sin deudas estresantes..., durmiendo profundamente todas las noches..., sabiendo que los hijos están bien..., que hay comida en la mesa todos los días, que un buen techo los cobija, que tienen previsiones para el regalo de Navidad para los niños...

¡Porque de eso se trata la vida!

El paradigma de la liquidez permanente

¡Nunca..., JAMÁS, se debe estar sin dinero disponible!
¡Ni siquiera momentáneamente!

El término liquidez permanente o solvencia permanente se refiere al hecho de tener siempre con qué pagar las cuentas. Este concepto es probablemente el más importante en el área de las finanzas personales. Desafortunadamente la mayoría de la gente no lo conoce a fondo y, por lo tanto, no le da el debido valor. Yo invito a los lectores a comprenderlo y a desarrollarlo hasta el punto de convertirlo en un paradigma.

Decía antes que este concepto es el más importante en el área de las finanzas personales... Bueno, lo mismo ocurre con las finanzas empresariales... La diferencia estriba en que el empresario sí le da el valor que corresponde. Para él no representa ningún esfuerzo el adoptar este paradigma puesto que el mismo es parte vital de su negocio. Una empresa, simplemente, no puede existir si sus administradores no saben manejar bien el concepto de la liquidez, si no cuenta con expertos en administrar el flujo de caja y en planificar sus finanzas de tal forma que la empresa se mantenga siempre solvente.

En la empresa "familia" el gerente del área de finanzas y tesorería es el responsable de mantener estricto control de los recursos económicos para hacer que siempre haya dinero disponible para cubrir los gastos de hoy, de mañana, de la próxima semana, de los próximos meses y de los próximos -y no tan próximos- años. Para lograrlo, deberá administrarse como lo hacen las empresas, es decir manejando un presupuesto que le permita anticipar los ingresos y los egresos, de una manera profesional.

El margen de maniobra del gerente de la familia es muy reducido; sólo cuenta con el ingreso de los miembros del grupo familiar y uno que otro crédito esporádico si su estado de ingresos y egresos es positivo. No dispone de expertos financieros que le ayuden a manejar su flujo de caja; ¡depende exclusivamente de su propia habilidad! Habilidad que deberá desarrollar hasta convertirla en una obsesión... en un verdadero paradigma que haga que, si eventualmente se encuentra ilíquido, se sienta como desnudo o que le cause piquiña; en otras palabras que desarrolle una alergia a estar sin dinero disponible... ¡una alergia a la pobreza!

El paradigma de la liquidez permanente deberá funcionar desde lo micro hasta lo macro. Me explico. Micro: jamás deberás estar sin efectivo en el bolsillo. Para ello es recomendable llevar siempre, en un compartimiento oculto de la cartera, un billete de baja denominación. Este no es para gastarlo, sino para mantenerlo como reserva. Macro: mantener siempre en una cuenta de ahorros un monto equivalente a seis meses de tus gastos. Este debe estar siempre disponible para emergencias. Si en algún momento necesitas hacer uso de este fondo, o del billete de reserva, deberás reemplazarlos a la mayor brevedad posible.

Los adultos que aún no tengan el paradigma de la liquidez permanente deberán hacer un esfuerzo para desarrollarlo. Probablemente van a necesitar de algunos sacrificios, hacer acopio de una gran fuerza de voluntad y de mucha, mucha persistencia.

El paradigma de la liquidez permanente en los niños

Cuando la costumbre de tener siempre dinero disponible se aprende en el hogar y se fija en el cerebro desde pequeños, no se requerirá ningún esfuerzo para practicarla durante toda la vida; será algo natural que quedará grabado en su mente como un paradigma, como "así es que se hacen las cosas".

Es importante, por lo tanto, que los padres siembren el paradigma de la liquidez o solvencia permanente en sus hijos desde la niñez; incentivarlos para que no gasten toda la mesada al recibirla, sino que la administren de forma tal que cuando les llegue aún tengan un remanente de la anterior. Ellos poco a poco irán sintiendo la seguridad que genera el sentirse siempre con dinero, lo cual progresivamente se irá transformando en un paradigma que repercutirá positivamente en sus finanzas futuras.

En un capítulo posterior hablaremos sobre la herramienta indispensable para ayudarnos a estar siempre solventes: el presupuesto

¿Solvente o rico?

Para introducir este paradigma durante mis clases, usualmente escribo en el tablero la siguiente frase, e invito a los estudiantes a discutirla.

Para vivir feliz es más importante ser solvente que ser rico

A continuación transcribo los comentarios que se presentaron con uno de los grupos:

–¿Y no es lo mismo? –preguntó una muchacha, bastante joven ella.

Entonces tomó la palabra uno de los alumnos más aventajados, un hombre maduro y experimentado en los avatares de los negocios.

–¡No necesariamente! Hay personas –dijo sin confesar que ese era su caso- cuyo patrimonio es alto, pero que se extralimitan en inversiones de activos de difícil realización, lo cual hace que sufran periodos de iliquidez.

–¡Hay que ser bien bruto! –comentó un compañero despiadadamente, sin saber que estaba refiriéndose al que había hecho el comentario anterior.

–¡No lo creas! –se defendió el empresario; porque se trataba de un hombre de negocios que había abandonado la universidad hacía varios años y ahora había decidido

reintegrarse para terminar su carrera–. Esa circunstancia es más frecuente de lo que te imaginas. Conozco varios casos de personas inteligentes y bien preparadas que se encuentran en esa situación.

–¡Pues no deben ser muy inteligentes! –insistió el compañero.

En ese momento una de las muchachas, que se había hecho muy amiga del empresario, percibiendo la incomodidad de este decidió intervenir.

–Pienso que son personas hábiles para ganar dinero, pero que no han tenido la oportunidad de aprender a administrarlo apropiadamente. Probablemente todos conocen casos de figuras famosas, inteligentes para destacar en sus respectivos campos, pero poco afortunadas en la administración de lo que ganan.

En ese punto interrumpió otro estudiante, quien desde el principio de la discusión estaba pendiente de aprovechar una pausa para emitir su opinión.

–Creo que la persona que en todo momento está solvente disfruta permanentemente de tranquilidad y paz mental, en cuanto al aspecto financiero se refiere, lo cual es un importante componente de la felicidad; mientras que una persona que tenga períodos de falta de liquidez, así sea muy rica, pasará por momentos de angustia, durante los cuales se sentirá infeliz. Así que si yo tuviera que elegir, yo me quedaría con la liquidez permanente...

Otro de los estudiantes, el gracioso de la clase, también quiso intervenir.

–Pues yo pienso –comentó sonriente– que lo mejor es ser rico y solvente.

Temas de reflexión:

¿Te has encontrado alguna vez en la situación de no tener dinero para cubrir una emergencia? ¿Recuerdas cómo te sentiste?

Como ejercicio, te invito a que copies la siguiente frase: "Yo, (tu nombre) nunca, jamás, estaré sin dinero disponible, ni siquiera momentáneamente".

Notas personales:

....
....
....
....
....
....

Capítulo 6

El paradigma de la recompensa futura

–¡Lo quiero ya! (y con un berrinche lo consigo).

Esa es la forma en la que los niños manipulan a sus padres para obtener lo que quieren. Y, mientras tengan éxito en su demanda, así seguirán haciéndolo, hasta que aquellos sean conscientes de que ese comportamiento (el de los padres) sólo contribuye a reforzar en el niño el paradigma de la recompensa inmediata.

Por naturaleza el ser humano tiende a valorar más lo que está a la mano, lo que tenemos frente a nosotros, que lo que puede traernos el futuro.

El libro "La inteligencia emocional", de Daniel Goleman, hace especial énfasis en la importancia de desarrollar el paradigma de la recompensa futura. Para ello muestra cómo los niños que tienen mayor autocontrol para postergar un premio "ahora" a cambio de un mejor premio un poco más tarde, tienen un futuro más promisorio.

Sobre este mismo tema realizaron otro estudio los científicos Samuel M. McClure, David I. Laibson, George Loewenstein, y Jonathan D. Cohen, de las universidades de Princeton, Harvard y Carnegie Mellon, mostrando una explicación científica para esa tendencia.

Una explicación científica

Según el estudio de los científicos mencionados, cuando se nos invita a seleccionar entre posibles recompensas económicas disponibles en diferentes momentos –presente inmediato, y futuro a corto, mediano y largo plazo-, la evaluación que damos a esas recompensas es valorada en forma diferente por nuestro cerebro. Mientras que para las que están disponibles de inmediato nos hace actuar con impaciencia, para las del futuro nos invita a hacerlo racional y planificadamente.

Por ejemplo nos dicen: si a una persona se le ofrece que elija entre recibir $10 dólares hoy u $11 mañana, lo más probable es que elija la recompensa inmediata, los $10 de hoy; mientras que si a la misma persona se le propone que escoja entre recibir $10 en un año u $11 en un año y un día, estará más dispuesta a aceptar la segunda propuesta, la cual claramente es una mejor decisión. Estudios posteriores corroboran lo anterior. Según hallazgos de otros científicos que han analizado cómo la recompensa es procesada por la mente, nuestro cerebro no es muy bueno para elegir correctamente. A pesar de los miles de años de evolución y de ser considerados seres racionales y razonablemente inteligentes, cuando se trata de tomar decisiones relacionadas con la recompensa, estamos más inclinados a elegir las de corto plazo, las cuales, muchas veces, resultan contraproducentes.

La explicación anterior no es una buena noticia para el ahorro. Tal parece que nuestro cerebro, por naturaleza, actúa de tal forma que nos invita a gastar hoy y olvidarnos del mañana.

Si bien el estudio es relativamente reciente, no se trata de un nuevo descubrimiento. La historia nos enseña que las generaciones anteriores, sin conocer las teorías actuales del cerebro, ya estaban muy claras sobre las consecuencias que ese comportamiento causaba sobre el bienestar y calidad de vida de las personas. Ellos sabían, por experiencia, que a la gente había que obligarla a ahorrar, porque no lo haría por su cuenta. De ahí nacieron los planes de pensión obligatorios. Planes que, con todos sus defectos, han servido de paliativo para las generaciones que actualmente están disfrutando de ese beneficio, o que lo harán en los próximos años.

Para las personas nacidas a partir del último cuarto del siglo XX y que viven en países en donde los planes de pensión no se han modernizado, la situación va a ser crítica, porque los sistemas de pensiones tradicionales están colapsando... No habrá dinero para cubrir su retiro. Cuando les llegue el turno podrán alegar que cotizaron durante toda la vida, que tienen derecho a una pensión... La respuesta que les pueden dar los gobiernos es sencilla: ¡No hay dinero! ¡El sistema colapsó! Los gobernantes de turno les echarán la culpa a los gobernantes del pasado y tratarán de administrar los recursos repartiendo minucias para mantener satisfechos a los votantes; esos son los que cuentan. ¡Ya estamos viéndolo en algunos países!

Otro problema es que la obligatoriedad solamente cubre a un grupo limitado de la población: a los empleados regulares. El resto de la gente deberá esforzarse y luchar contra su tendencia natural hacia el gasto para poder ahorrar para el futuro.

La educación financiera es imprescindible

No basta con tener autocontrol y fuerza de voluntad para ahorrar para el futuro. Si bien estos aspectos son fundamentales, para lograr los mejores resultados es importante complementarlos con la inversión en educación financiera, la cual no requiere de dinero pero sí de tiempo y esfuerzo y de una gran dosis de persistencia. Es sabido que a la mayoría de la gente no le gustan los temas financieros, pero es imprescindible aprender a cuidar los ahorros y hacerlos generar un rendimiento razonable sin que caigan en manos de tiburones financieros que se queden con ellos. Para ello la Planificación Financiera Personal es el mejor sistema, por cuanto a través de la misma se cubren todos los aspectos de las finanzas personales: el dinero del día a día, el manejo adecuado del sistema crediticio para la adquisición de la vivienda y otros bienes esenciales, los seguros para proteger el patrimonio, la planificación de inversiones para saber dónde y cómo invertir los ahorros para el futuro y la planificación de la sucesión y los impuestos.

Temas de reflexión:

1) ¿Tienes reservas para el futuro de mediano y largo plazo?

2) Si estás aportando a un plan de pensiones, ¿conoces los detalles del mismo?

Notas personales:

....

....

....

....

....

....

Capítulo 7

Vivir <u>CON</u> los padres… o vivir <u>DE</u> los padres

El problema de los hijos treintones viviendo en casa de sus padres está convirtiéndose en una epidemia global. Es necesario, por lo tanto, tratar de inculcar en las nuevas generaciones el paradigma de la **"Independencia financiera temprana".**

El mejor regalo que los hijos pueden dar a sus padres es el de independizarse financieramente, lo más pronto que les sea posible.

Por su parte, es obligación de los padres el hacer que los hijos crezcan con un objetivo en mente: emanciparse, hacerse responsables de sí mismos lo más temprano que puedan.

La película "Novia por contrato" (Failure to Launch), estrenada en 2006, es una caricatura de un problema en boga hoy en día, incluso en los Estados Unidos, en donde, tradicionalmente, los muchachos se independizaban nada más al ir a la universidad.

Pero esa tendencia es más visible en los países de cultura hispana: los hijos adultos no quieren independizarse… Están demasiado cómodos en la casa paterna: ropa limpia y planchada, comida caliente y gratis… Y la parte grave es que no sólo quieren seguir viviendo CON los padres, sino que quieren seguir viviendo DE los padres…

–¿Por qué es importante sembrar el paradigma de la independencia financiera temprana en nuestros hijos? La dependencia económica hace que los hijos adultos sigan sintiéndose adolescentes y retarden la llegada a la madurez. Esa situación juega en contra del futuro de todo el mundo: los padres estarán gastando en el sostenimiento del hijo(a) "treintón(a)" parte de los fondos que deberían estar acumulando para el retiro. Los hijos adultos, al no ser exigidos económicamente, pasarán parte de su edad más productiva sin aprender a crear riqueza ni para sí mismos ni para sus futuras familias. La suma de todos los hijos adultos dependientes, que pierden los años más productivos de su vida sin generar riqueza, afecta toda la economía, al no estar contribuyendo con el crecimiento de la misma.

Los padres consentidores, ya ancianos, que no han acumulado fondos para el retiro, se convertirán en carga para el estado, pues ni tendrán una pensión decente ni los hijos estarán en capacidad o disposición de darles el soporte que recibieron de ellos. La relación económica padre-hijo es muy diferente a la de hijo-padre; mientras que los padres están dispuestos a sacrificarse para dar lo mejor a sus hijos, no existe reciprocidad.

En parte es nuestra culpa. Por tradición y por cultura somos padres consentidores y no nos hemos preocupado en sembrar pronto el paradigma de la INDEPENDENCIA FINANCIERA TEMPRANA en nuestros hijos.

Es necesario cambiar poco a poco esa tradición, para el bien de todos: hijos, padres y sociedad en general.

Si ya nos encontramos en la situación de tener hijos "treintones" en casa, dependiendo de nosotros, es necesario cambiar la. Hay que empezar por hacer que, aun viviendo bajo el mismo techo, empiecen a ser económicamente independientes. Deben contribuir con los gastos del hogar en forma equitativa.

Es aceptable que vivan CON los padres pero no DE los padres... Los progenitores que aún tienen hijos en la primera etapa, deberán inculcarles poco a poco el paradigma de la INDEPENDENCIA TEMPRANA, haciendo énfasis en que la verdadera independencia... ¡es la financiera!

En diferentes foros, al hablar sobre este paradigma, he escuchado que uno de los argumentos utilizados por adultos que aún habitan en la casa paterna es que ahorran viviendo con sus padres. Un argumento poco sólido: la comodidad de la casa paterna, sin responsabilidad económica, no ayuda a ahorrar. Por el contrario, el joven que no se independiza o que no contribuye con los gastos del hogar, en lugar de aumentar su capacidad para acumular riqueza, la disminuye. El muchacho, al no tener presiones económicas, no realiza ningún esfuerzo para mejorar su situación. Se apoltrona en el confort que brinda la casa paterna y vegeta año tras año sin lograr progreso alguno. Periódicamente reflexiona y se engaña a sí mismo y a sus padres diciendo que aún no está preparado. Mientras tanto no hace nada para lograr la independencia; simplemente se queja de lo poco que gana y vive DE sus padres sin percibir el daño que está haciendo, a sí mismo y al patrimonio paterno. Por otra parte él siente que, por ahora, todo está bien y que la mejora será cuestión de tiempo. Por supuesto ¡la vida es fácil cuando otro se hace cargo de los gastos!

Este problema es global, como lo demuestra la siguiente noticia publicada hace algún tiempo por un conocido diario italiano:

Proponen ley que obligaría
a mayores de edad a irse de casa

Roma. Enero 2010. El ministro de Administración Pública italiano, Renato Brunetta, propuso una ley que obligaría a los hijos a abandonar el hogar familiar a los 18 años de edad, con el objetivo de que se independicen y maduren.

Considera que los casos "bamboccioni", como se conoce en Italia a los hijos adultos que viven con sus padres, son vergonzosos.

Una encuesta llevada a cabo en diciembre reveló que siete de cada diez personas de entre 18 y 39 años de edad viven con sus padres.

Pero el problema no es solamente en Italia. Existen estadísticas que muestran cómo esta es una tendencia mundial.

En España, por ejemplo, el gobierno está considerándolo un problema grave, debido a que en los últimos años ha aumentado el número de personas entre 25 y 34 años que viven con sus padres, del 29% en 1991 al 39% en 2001.

En Alemania, más del 30% de la población entre 21 y 27 años vive con sus padres.

En Japón, el profesor Masahiro Yamada escribió el libro "La era de los solteros parásitos" (1999) para referirse a esa tendencia. De ahí nació el término peyorativo de "solteros parásitos", muy común hoy en día en ese país.

En Estados Unidos, de acuerdo con información del "Census Bureau", alrededor de 18 millones de personas entre los 18 y los 34 años viven con sus padres. A la cifra anterior se suman los hijos "bumerán", que son aquellos que regresan a casa después de haberse independizado.

En México, una encuesta del Instituto Mexicano de la Juventud muestra que más del 50% de los hijos adultos no han pensado en salir de la casa paterna porque se sienten a gusto con sus papás.

No conozco estadísticas de otros países latinoamericanos, pero pienso que deben ser similares a las anteriores y, asumo, que otro tanto debe ocurrir en otras partes del mundo.

–¿Qué hacer ante esa tendencia?

–¡Ayudar a los hijos!... Ayudarlos a que se independicen lo antes posible. Sembrar en sus cerebros el CHIP DE LA PROSPERIDAD, a través de cual, se le estará incrustando el paradigma de la "INDEPENDENCIA FINANCIERA TEMPRANA". De esta manera, estaremos ayudándolos a ellos, estaremos ayudándonos a nosotros como padres y estaremos ayudando a la sociedad y al país, como un todo, al formar una nueva generación de hombres y mujeres productivos y no de "zánganos", "solteros parásitos", "nidícolas", "bamboccioni", "generación canguro", "hotel mamá"... Epítetos que estas personas están ganándose.

Temas de reflexión:

1) *¿Eres padre o madre con hijos treintones en casa que viven DE ti?*

2) *¿Qué harás al respecto?*

3) *¿Eres hijo treintón que vive DE sus padres?*

4) *¿Qué harás al respecto?*

5) *La decisión es difícil, pero necesaria.*

Notas personales:

....

....

....

....

....

....

Capítulo 8

Adquirir pericia para administrar el dinero

–¿Dejarías en manos de un inexperto la administración económica y financiera de tu empresa?

Seguramente todas las personas a las que se les hiciera esa pregunta responderían con un "NO" rotundo. Sin embargo eso es lo que hacemos cuando empezamos a manejar el dinero de la empresa "familia" sin contar con la adecuada preparación.

¡Es necesario estudiar para aprender a manejar el dinero!

–¿Estudiar para aprender a manejar el dinero?, ¿estudiar sobre economía y finanzas personales?

Son preguntas que a la mayoría de las personas ni siquiera se le ocurre hacerse. Dentro de su esquema mental no existen dudas a ese respecto, por cuanto nunca han pensado en el tema. Pues yo los invito a reflexionar sobre el mismo, y para ayudarlos comenzaré dando la respuesta correcta:

–SÍ (así con mayúsculas); es necesario estudiar para aprender a manejar el dinero eficientemente; es imprescindible convertirse en un experto en Economía y Finanzas Personales, pues de otra forma una parte importante de tu sueldo, tus honorarios, tus bonificaciones, emolumentos o cualquier otro tipo de ingresos, irá a enriquecer los bolsillos que quienes sí han hecho la tarea: los bancos, las entidades comisionistas, las compañías de seguros, las tarjetas de crédito y otras instituciones financieras; o peor aún: los avivatos, las pirámides, las instituciones pseudorreligiosas, las casas de empeño, los agiotistas y otra gran cantidad de tiburones financieros que pululan por el mundo, dispuestos a quedarse con los ahorros de los incautos que no saben administrar el dinero, lo despilfarran y luego andan por ahí vendiendo su alma para poder pagar las deudas.

Para explicar el fenómeno que ocurre con la educación sobre economía y finanzas personales, siempre recurro a la teoría sobre la ruta del aprendizaje que leí por primera vez en un libro de Lair Ribeiro y que yo reproduzco en diferentes versiones cada vez que lo necesito. Esta es una de ellas:

La ruta hacia el conocimiento

PRIMERA ETAPA: En la primera etapa la persona no sabe qué no sabe. En esa fase escasamente tiene indicios de la existencia del tema que va a aprender. Una vez que la persona es expuesta a la materia y entiende el alcance de la misma, entonces habrá llegado a la segunda etapa.

SEGUNDA ETAPA: En esta, la persona sabe qué no sabe. Es decir que comprende el contenido y se da cuenta de su propio desconocimiento sobre el mismo. Si después de esa etapa la persona sigue interesada en la materia, deberá esforzarse para aprenderla... pero este es el punto más difícil, puesto que tendrá que sobrepasar un obstáculo que metafóricamente hablando se le conoce como "la laguna de la confusión". Es aquel punto en el cual el material parece complejo, nos cuesta entenderlo... pero con un poco de esfuerzo y persistencia de pronto se ve la luz, las ideas empiezan a aclararse y el estudio va haciéndose cada vez más fácil... Y así logra superarse la laguna de la confusión y se llega a la tercera etapa.

TERCERA ETAPA: La persona es consciente de su conocimiento sobre el tema, ya sabe qué sabe. El trayecto entre la tercera y la cuarta etapa es mucho más sencillo puesto que se trata de la aplicación de lo aprendido.

CUARTA ETAPA: Casi sin que la persona se dé cuenta, el conocimiento adquirido empieza a formar parte de su naturaleza y su aplicación se vuelve automática... La persona ya no sabe qué sabe. Ya ha logrado la perfección del conocimiento y lo ha integrado a su vida diaria.

Es un hecho comprobado que la inmensa mayoría de la gente no sabe que la educación sobre economía y finanzas personales es esencial para aprender a manejar el dinero y de esa forma hacer que este se convierta en una fuente de calidad de vida y felicidad y no de angustias, problemas y dolores de cabeza.

La mayoría de las personas vive con el paradigma de que eso de tener que vérselas con temas como presupuesto, balance, intereses, inflación, riesgo, inversiones eficientes, portafolios, etc., es solamente para los administradores de empresas, los economistas, los contadores y otras profesiones similares... y no para ellos. En efecto, así ha sido y así es en la actualidad.

De ahí la tremenda brecha que cada día se amplía más en nuestro medio. Los padres educados financieramente (los que disfrutan de bienestar económico y conocen la importancia de la educación financiera) inculcan en sus hijos los paradigmas apropiados para atraer el dinero y los incitan a que amplíen sus conocimientos y se mantengan siempre actualizados sobre los movimientos económicos y financieros que puedan afectarlos, mientras que los padres no educados se los inculcan para lo contrario.

¿Cómo debe iniciarse la educación económica y financiera personal?

Lo ideal, por supuesto, es crecer aprendiendo de los padres y maestros los conocimientos financieros que más adelante van a ser útiles en la vida; de esa forma, cuando se empiecen a recibir los primeros ingresos, ya se estará preparado para administrarlos. Sí... ¡eso es lo ideal!; pero, por ahora, no funciona en la práctica por cuanto los padres, en su mayoría, no están preparados para contraer la función de mentores financieros... y tampoco lo están los maestros. Los progenitores -padres y madres- deben asumir la responsabilidad de educarse financieramente para poder transmitirles esos conocimientos a sus hijos de la forma más sencilla: sembrando en su mente los paradigmas apropiados.

Un gran problema que tiene la mayoría de las personas es que no se ha dado cuenta de esa realidad. No saben que la administración de los recursos financieros es una disciplina que debe ser aprendida. Nadie nace conociendo estos temas; ni tampoco están incluidos en los programas de la educación formal; todos dependen, para educarse, de sus padres y del medio ambiente en el que se mueven. En nuestro caso vivimos en un medio ambiente analfabeto en el área financiera y por lo tanto tenemos el paradigma de que estos conocimientos se van adquiriendo con la experiencia. Efectivamente, así lo hemos hecho y hemos subsistido, pero sin crear la suficiente riqueza como para lograr el "óptimo económico" de que hablábamos anteriormente.

Todos en la vida recibimos un ingreso: unos pocos reciben un monto elevado, otros uno mediano y, la mayoría, uno pequeño. Sin embargo, el secreto para convertir el ingreso en calidad de vida no está en el monto del mismo sino en la forma en la que lo administremos... y lógicamente, entre más rápidamente aprendamos a hacerlo, mayores serán las probabilidades de tener una buena calidad de vida, que sea consistente... ¡durante toda la vida!

Para eso requerimos de la educación financiera lo antes posible.

Probablemente habrán escuchado una nostálgica queja, de sus mayores, expresada más o menos así:

–Si hace 30 años yo hubiese contado con la experiencia que hoy tengo... ¡qué no hubiese logrado!

Esa queja se refiere muchas veces a la vida financiera. Algunas de esas personas mayores me han relatado sus casos... Las historias que he escuchado sobre pérdidas de dinero por desconocimiento financiero van de lo ridículo a lo estrambótico... La plata que despilfarramos durante la vida por ignorancia financiera es enorme. Y no me refiero al dinero que se pueda haber gastado en eventuales caprichos costosos... ¡NO! Me refiero a la plata que se pierde inútilmente por malas inversiones o por simple descontrol financiero.

Y... ¿por qué los padres no están preparados para transmitir a sus hijos los conocimientos financieros?

Porque nadie los ha educado al respecto. Esa clase de conocimiento no se adquiere con la educación tradicional, que nos prepara para ganar dinero pero no para conservarlo. La mayoría de la gente ni siquiera sabe que se requiere educación en esa área; piensa que eso es algo que se adquiere en la vida a través de la experiencia... y yo estoy de acuerdo con eso: debe aprenderse a través de la experiencia... ¡pero no de la propia sino de la ajena!

El objetivo de este libro es el de incentivar a las personas para que adquieran los conocimientos financieros por aprendizaje, y no por experiencia propia. Créanmelo: la experiencia propia en el área financiera ¡es extremadamente costosa!... Se lo dice alguien que cuenta con un bagaje importante de experiencias tanto propias como de terceros.

Temas de reflexión:

1) Entre uno y cinco, siendo cinco la mejor nota, ¿cómo calificarías tus conocimientos sobre finanzas personales?

2) ¿Piensas que los colegios y universidades deberían incluir una materia sobre cómo administrar el dinero?

Notas personales:

....
....
....
....
....
....

Capítulo 9

Gota a gota... ¡hacia la pobreza crónica!

La financiación es una herramienta fundamental en el manejo del dinero y de la construcción del bienestar económico, pero, para ser beneficiosa, debe estar bien administrada. Un préstamo inapropiado o mal administrado puede conducirnos fácilmente a la quiebra.

¿Qué es un crédito inapropiado?

Es aquel gasto impulsivo, a menudo desencadenado por la falta de planificación, que puede tener consecuencias financieras significativas. Un ejemplo común es el uso irresponsable de tarjetas de crédito, donde las compras se realizan sin considerar la capacidad de pago. Algunas personas se ven impulsadas a usar la tarjeta para comprar productos innecesarios o a solicitar avances en efectivo para cubrir gastos acumulados o deudas previamente contraídas. Esta falta de previsión puede llevar a un ciclo de endeudamiento que es difícil de romper. Es crucial educarse sobre la importancia de la planificación financiera y el autocontrol para evitar caer en patrones de gasto impulsivo que pueden tener un impacto negativo a largo plazo en la estabilidad económica.

Un caso común

Conversé con una muchacha en un supermercado en Bogotá. Hice contacto con ella cuando estábamos haciendo fila para pagar las compras. Mientras esperábamos que atendieran a las personas que iban delante de nosotros, ella me hizo un comentario acerca de lo mucho que habían subido últimamente los precios de los víveres y se quejaba de que cada día el dinero alcanzaba menos.

Cuando llegó su turno de pagar, una cuenta relativamente pequeña, sacó su tarjeta de crédito y se la pasó a la cajera, quien naturalmente le hizo la pregunta de rigor que se acostumbra en Colombia cuando se paga con tarjeta de crédito.

–¿A cuántas cuotas?

–Treinta y seis –respondió la chica automáticamente.

Mientras la cajera hacía los trámites del caso para obtener la aprobación de la tarjeta, yo aproveché para preguntarle a la muchacha:

–Discúlpeme la pregunta: ¿por qué treinta y seis cuotas?

–Bueno –me respondió sin la más mínima duda– porque así me resulta más fácil. En lugar de tener que pagar la totalidad de una vez, lo pago en tres años, con lo cual me resulta mucho más barato.

–¿Usted conoce los intereses que le cobra mensualmente la tarjeta?

Se quedó mirándome con extrañeza.

–Sí, pero creo que no es mucho, y de todas formas las cuotas son muy bajitas.

Entonces me di cuenta de que la joven apenas estaba entrando en la ruta de la pobreza crónica. Me habría *gustado poder aconsejarla, pero en ese momento la cajera le entregó el formato y un bolígrafo para que firmara, ella lo hizo y luego desapareció.*

Puedo imaginarme la historia futura de esta joven, a través de otros casos que he conocido y que he tenido la oportunidad de ayudar a resolver.

La muchacha seguirá haciendo compras con su tarjeta y difiriendo los pagos al máximo que le permita el plástico con el fin de que las cuotas le queden lo más bajas que sea posible. Ella seguirá acumulando bajas cuotas, las cuales sumadas se irán haciendo cada vez más grandes, lo que significa que los pagos mensuales van a consumir cada vez una parte más importante de sus ingresos. Pero no se percatará de ello, puesto que tendrá a mano su amada tarjeta para lo que necesite... hasta que un día se dé cuenta de que las cuotas han subido tanto, que ya sus ingresos no le alcanzarán para pagarlas. Empieza a retrasarse en los pagos y entonces sucede algo inesperado: las tarjetas dejan de funcionar, quedan bloqueadas. Así, la chica de la historia se encuentra en una situación desesperada: no puede hacer compras con su tarjeta y no tiene dinero en efectivo, por cuanto lo usa todo para pagar las cuotas. Entonces aparece la amiga bienintencionada que viendo su angustia le sugiere una solución de emergencia: el prestamista, ese buen señor que cada quince y treinta se aparece en la cafetería de la esquina, a realizar sus operaciones de cobranza y apertura de nuevos créditos. Ella lo ve como una salvación y acude a él... y así, gota a gota, va cayendo cada vez más profundamente en el socavón de la pobreza crónica, del cual le será muy difícil escapar.

La tarjeta de crédito solamente
debe usarse para hacer compras de contado

Las tarjetas de crédito son la principal fuente de lucro de muchas entidades financieras y también son la principal fuente de problemas económicos para muchos usuarios. Se trata de dinero fácil, tan fácil que mucha gente tiende a confundirse y llega a creer que la tarjeta es un ingreso adicional. Realizan compras con ella y difieren los pagos con total despreocupación, sin tomar en cuenta no sólo que hay que pagar los consumos, sino también los altos intereses.

Si bien ese plástico que se llama tarjeta de crédito es una fabulosa herramienta financiera, muy valiosa para facilitar las compras, no es apropiada para financiarlas. ¿Por qué? Porque los intereses que cobra son muy altos, generalmente los más altos del mercado financiero formal.

La tarjeta de crédito es un instrumento que reemplaza al efectivo. Debe ser usada ni más ni menos que como una tarjeta de débito. La única diferencia es que la segunda nos obliga a tener dinero en la cuenta antes de utilizarla, mientras que la primera nos permite depositar unos días o semanas después de usarla, es decir cuando se reciba el estado de cuenta, facturación, cuenta de cobro o extracto, como se le conoce en diferentes países. Si se paga la totalidad de lo facturado en ese momento, no hay cargos financieros. Es un simple anticipo de dinero sin intereses. Para que esto sea así solamente debemos usarla cuando disponemos en casa o en el banco del dinero suficiente para pagarla en su totalidad, tan pronto llegue la factura de cobro.

Por otra parte, es fundamental comprender que las tarjetas de crédito no son préstamos automáticos, como suele suponerse. Una tarjeta debe verse como un simple anticipo de efectivo que nos dan los bancos para facilitarnos las compras y también para ayudar a los comercios a aumentar sus ventas. Sólo empiezan a ser herramientas de crédito en el momento en el que comenzamos a financiarnos con ellas, pagando solamente una parte de lo facturado. Es el tarjetahabiente quien decide si convertir la tarjeta en una herramienta de crédito, o no.

Cuándo es apropiado solicitar un préstamo

> *"Si usted le debe al banco US$100, ese es su problema. Si usted le debe US$100 millones, ese ya es problema del banco".*
>
> *J. Paul Getty*

Generalmente una persona o una familia solamente debe acudir al crédito para obtener activos de alto valor, tales como la vivienda, el vehículo, la educación, para montar un negocio o ampliar uno existente, etc. Lo anterior implica que sean préstamos bien planificados y evaluados cuidadosamente, tanto por la persona que solicita el préstamo como por la entidad que lo otorga.

Al respecto de la cita de J. Paul Getty, un caso de la vida real muy conocido es el del multimillonario expresidente Donald Trump, quien ha estado al borde de perder toda su fortuna en un par de ocasiones, pero ha sido rescatado por sus acreedores, en razón de que les debía tanto dinero que era necesario ayudarlo a toda costa para que se recuperase.

Donald Trump...
un hombre que sabe manejar las deudas

En la década de los 80 Donald Trump era reconocido como uno de los hombres más ricos del mundo; pero su riqueza no era tan sólida como parecía, por cuanto estaba cimentada en excesivos créditos con la banca, los cuales, a comienzos de los años noventa, se hicieron impagables y lo obligaron a ir a la quiebra. Pero si bien su riqueza no era tan sólida, su habilidad para los negocios sí que lo era. Fue así como puso en práctica la cita de John Paul Getty: convocó a una reunión en un hotel de Nueva York a 15 de los bancos con mayores acreencias y les hizo ver las implicaciones que tendría para ellos el dejarlo irse en bancarrota. El resultado de esa reunión fue que, en lugar de exigirle el pago de la deuda, los banqueros decidieron apalancarlo con más dinero, en mejores condiciones, para ayudarlo y, particularmente, para ayudarse a salir del problema.

Trump levantó cabeza en tiempo récord y continuó con sus conocidos éxitos, no sólo como constructor sino también como hombre de televisión con su programa "The Apprentice" y como autor de varios "best sellers". Sin embargo las deudas billonarias volvieron a jugarle una mala pasada, y fue así como en 2008, a raíz de la crisis financiera, su empresa "Trump Entertainment Resorts" empezó a tambalearse, hasta el punto de que las acciones perdieron 95% de su valor, pasando de US$4.24 a US$0.24. En febrero de 2009 la empresa tuvo que declararse en quiebra; pero, nuevamente, los bancos salieron al rescate para reestructurarla...

Temas de reflexión:

¿Tienes deudas inapropiadas?

¿Conoces el tipo de interés que estás pagando por ellas?

¿Usas la tarjeta de crédito para financiar tus compras?

Notas personales:

....

....

....

....

....

Capítulo 10

Nunca gastes más de lo que ganes

Este paradigma es un condición sine qua non en el proceso de creación de bienestar económico. En otras palabras, es un requisito imprescindible en el proceso de crear riqueza.

"El dinero no me alcanza" es una frase repetida tantas veces por tantas personas que ha llegado a convertirse casi en un eslogan de la mala administración del dinero... en un verdadero paradigma negativo. La mente acepta el mensaje y hace que las decisiones estén focalizadas en esa dirección, de manera tal que las acciones subsecuentes las llevarán siempre a hacer que el dinero no alcance. Esa queja se escucha tanto de personas que ganan poco como de algunas que cuentan con ingresos abultados. Unas y otras achacan la situación a sus bajos ingresos.

–¡No gano lo suficiente! –se recriminan a sí mismas, sin detenerse a pensar que la causa raíz del problema no está en el monto del ingreso sino en la forma en la que lo administran.

"Contamos con recursos limitados
para satisfacer necesidades ilimitadas".

Es probablemente la ley fundamental de la economía. Es un hecho: solamente unas contadas personas en el mundo pueden sostener que ganan lo suficiente para atender sus necesidades, y lo han logrado gracias a la sabia administración de sus recursos financieros.

Si el dinero no te alcanza es porque estás gastando más de lo que ganas. La cruda realidad es que no podemos gastar más de lo que recibimos, so pena de ir a la quiebra.

–¡Que tu ingreso es muy pequeño! ¡Que no ganas suficiente!... ¿Qué hacer ante esa situación?

–Desafortunadamente no hay fórmulas mágicas... Sólo hay dos opciones: o ganar más o gastar menos... Y, por supuesto, la única acción que podemos aplicar de inmediato es aquella sobre la cual tenemos control: la segunda, "gastar menos", puesto que la primera toma tiempo en ser implementada. Así que lo más práctico es atacar el problema por el lado de la reducción de gastos mientras se logra aumentar los ingresos.

–¿Cómo reducir los gastos, si uno ya los tiene reducidos al máximo? –se preguntarán algunos lectores.

–Es claro que en una situación en la cual nuestro balance ingreso/egreso está desequilibrada, es necesario desarrollar un plan de contingencia dirigido a corregir las desviaciones. Se comienza por clasificar los gastos entre esenciales, no esenciales y suntuarios, y se procede a eliminar estos últimos; si no es suficiente con ello, se eliminan o reducen los segundos; si aún no es suficiente, es necesario reducir los primeros.

Se podría argumentar que llega un momento en el cual ya no es posible reducir más los gastos... pero, si nos basamos en los trabajos realizados por los autores del libro "Poor Economics", Abhijit V. Banerjee y Esther Duflo, profesores del MIT (Massachusetts Institute of Technology), este argumento generalmente no es más que una disculpa.

La economía de los pobres

En su libro "Poor Economics", los autores registran estudios con gente que vive en la pobreza extrema, los que ellos llaman "los pobres entre los más pobres" y que ganan menos de un dólar al día. Los autores encontraron que aun ellos pueden gastar menos de lo que ganan, cuando tienen el interés y la motivación suficiente. Por ejemplo, si quieren comprar un televisor y deben ahorrar para adquirirlo o pagarlo en cuotas, ellos logran hacerlo recortando parte de sus gastos no esenciales.

–¿Cómo pueden tenerse gastos no esenciales con un ingreso de menos de un dólar?

Los mismos autores dan respuesta a este interrogante. De acuerdo con sus investigaciones, esas familias que ganan menos de un dólar diario gastan el 75% en gastos esenciales y el 25% en no esenciales, tales como té, tabaco, alcohol y festividades.

–Pero, al eliminar o reducir cosas que nos gustan y que disfrutamos, estaremos perdiendo calidad de vida– pensarán algunos lectores.

–Efectivamente. En la vida muchas veces se presentan situaciones difíciles que nos obligan a tomar decisiones duras para impedir que empeoren. Es eso o ver cómo el fantasma de la pobreza crónica empieza a rondar en nuestros predios. Al sacrificar o postergar la compra de algunas cosas con el fin de controlar la vida económica y mantener siempre una reserva para situaciones de emergencia o para el futuro, el sacrificio es temporal, mientras que el gasto desmedido, por encima de las posibilidades, genera un deterioro permanente de la calidad de vida, que llega a afectar inclusive la salud.

El control financiero de la artista

Mientras estábamos tocando este tema en clase, uno de los alumnos avanzados nos hacía el relato de lo ocurrido en una fiesta a la que había asistido el fin de semana.

En la reunión conoció a una dama de mediana edad, artista ella, pintora de profesión y relativamente conocida. Cuando ella se enteró de que su nuevo amigo estaba estudiando finanzas personales, quiso aprovechar la oportunidad para que le diera algunos "tips" para manejar el dinero. Cuando él le mencionó la importancia de llevar un control, ella no estuvo de acuerdo:

–¡No es eso! Mi problema no es de falta de control sino que el dinero no alcanza para nada.

–¿Tú sabes con precisión cuál es tu ingreso mensual? –le preguntó el muchacho.

–Pues la verdad no –respondió la artista–; hay meses en que logro vender unos cuantos cuadros y me entra bastante dinero, pero hay otros en los que no entra nada.

–¿Y qué es lo primero que haces cuando logras una buena venta? –le preguntó nuevamente el muchacho.

–¡Pues celebrarlo, por supuesto! –respondió ella entusiasmada–. ¡Eso no es de todos los días!; así que me compro unas cuantas botellas de champaña e invito a mis amigos.

–¿Y qué haces en los meses en los que no vendes ningún cuadro? –volvió a preguntarle él.

–Pues na... nada..., pedir prestado –respondió ella.

–¿No has pensado que si ahorras lo de la celebración durante los meses en los que vendes cuadros, podrías evitar tener que pedir prestado? –la invitó él a reflexionar.

–¡No lo sé! –respondió ella poco entusiasmada –tal vez debería hacerlo, pero... no sé...

–¡Yo podría ayudarte! –le dijo él.

El entusiasmo regresó a la cara de la artista...

Temas de reflexión:

¿Crees que es posible crear riqueza dejando que los gastos superen los ingresos?

Notas personales:

....
....
....
....
....
....

Capítulo 11

Merezco ser autoprivilegiado(a)

> *"Si piensas que puedes, tú puedes.*
> *Y si piensas que no puedes, tienes razón".*
>
> *Mary Key Ash*

Uno de los comentarios más agoreros que he escuchado sobre el libro de mi autoría FINANZAS PARA PAPÁ es que este fue escrito para gente perteneciente a los estratos altos, para personas exitosas; que no aplica a todo el mundo. Es evidente que esos comentarios siempre son hechos por lectores que han salido mal librados en el ejercicio de "benchmarking", en el cual los invito a que se comparen con el modelo de éxito financiero, el "autoprivilegiado", y han tomado la decisión de no hacer nada al respecto, sino sólo resentirse contra los que están mejor económicamente y quejarse de lo mal que los ha tratado la vida. No se dan cuenta de que no hay nada extraordinario en la vida de un autoprivilegiado. Se trata simplemente de disfrutar de una calidad de vida decente. ¿O acaso aspirar a educarse financieramente y aprender los procesos para adquirir un vehículo, una vivienda, un seguro o un fondo de pensión está reservado solamente para personas de los estratos altos? ¡No es así! El estrato se lo hace cada quien. Pero si desde el comienzo ya se dan por vencidos, no habrá poder humano que logre sacarlos de su pobreza, por cuanto se trata de pobreza mental más que financiera.

> *"El peligro más grande para la mayoría de nosotros no es que nuestros objetivos sean muy altos y no los alcancemos, sino que sean muy bajos y los logremos".*
>
> *Miguel Ángel Buonarroti*

En un intento por convencer a estos prederrotados que piensan que no pueden aspirar a ser "autoprivilegiados" y a mirar su vida económica y financiera desde una perspectiva optimista, les recuerdo muchos casos de personas de extracción humilde que, gracias a su esfuerzo, dedicación y persistencia, han logrado ser exitosos en su vida social y económica. Son personas que han generado suficiente riqueza para vivir holgadamente, sin preocupaciones económicas, que han alcanzado el óptimo económico (aquel punto en el cual más dinero no produce mejor calidad de vida).

John Davison Rockefeller (1839 – 1937)

Proveniente de una familia de comerciantes poco prósperos, empezó trabajando como asistente de un contador. A través de su empleo se familiarizó con el negocio del petróleo y lo vio como una oportunidad. En 1870, a los 30 años de edad, fundó la Standard Oil Company y con ella se convirtió en el hombre más rico del mundo.

Henry Ford (1863 – 1947)

Nacido de padres inmigrantes, en una granja cerca de Detroit, Ford se inició como aprendiz de maquinista y estuvo trabajando con diferentes empleadores antes de independizarse para crear la Ford Motors Company, en 1903, a los 40 años de edad.

Aristóteles Sócrates Onassis (1906 – 1975)

Nacido en Esmirna (Grecia), su familia quedó arruinada durante la primera guerra mundial. Emigró a Argentina en busca de fortuna y la consiguió en el negocio naviero y de comercio internacional. A los 23 años ya era millonario.

También en la actualidad tenemos casos emblemáticos como el de Steve Jobs, el prematuramente fallecido genio fundador de Apple. Nacido de una pareja de jóvenes estudiantes que por no poder sostenerlo tuvieron que darlo en adopción a una familia de recursos limitados. O la famosa y archimillonaria presentadora de televisión Oprah Winfrey, quien después de haber vivido una niñez y juventud de miseria y escabrosos episodios, ha llegado a convertirse en una de las personas más influyentes del mundo gracias a su dedicación, esfuerzo y persistencia como reportera. Otros famosos personajes como Leonardo DiCaprio, J. K. Rowling (la autora de Harry Potter) o Lula da Silva (expresidente de Brasil), ejemplifican que los casos de superación se dan en diferentes campos. Estoy seguro de que esas personas nunca se pusieron a pensar que lograr bienestar económico era algo que estaba fuera de su alcance.

En Colombia hay casos inspiradores como el de Arturo Calle, uno de los empresarios más exitosos y admirados del país, que proviene de una familia "no muy boyante" como él mismo lo expresa. Él sostiene:

> *"Los ricos verdaderamente no existen; lo que existen son excelentes administradores de recursos".*

Y efectivamente de eso se trata: de aprender a manejar bien los recursos personales.

Mario Hernández, el exitoso fabricante de artículos de cuero, es otro caso de tesón para superarse desde un hogar humilde.

Son ejemplos inspiradores de superación personal. Supongo que ninguno de los anteriores tenía paradigmas negativos con respecto al dinero.

Muchas personas crecen pensando que lo normal es que el dinero nunca alcance... o que crear riqueza es muy difícil... Quienes tengan paradigmas negativos sobre el dinero deberán reemplazarlos por otros positivos. El primer paso, un paso fundamental, es el de creer firmemente que pueden lograr sus metas financieras, que cuentan con la inteligencia, capacidad, voluntad y disciplina para convertirse en autoprivilegiados. Deberán grabar firmemente en su cerebro ese convencimiento, de forma tal que lo vean como un hecho, como algo natural, como algo que así debe ser.

> *"La única cosa que se interpone entre una persona y lo que espera de la vida a menudo es simplemente la voluntad para intentarlo y la fe para creer que es posible".*
> *Richard M. De Vos*

Probablemente la gran mayoría de los lectores habrá escuchado o leído sobre "la ley de la atracción", la cual nos dice que nuestra vida está regida por leyes universales que hacen que las cosas se nos den en la medida en que las deseemos con vehemencia. Podemos atraerlas o podemos alejarlas dependiendo de nuestra actitud mental. La ley de la atracción no es cuento; gracias a ella el universo funciona ordenadamente, con galaxias, constelaciones, planetas, asteroides, etc., que se mueven a velocidades vertiginosas muy cerca unos de otros (relativamente) sin llegar a colisionar. Somos cuerpos pertenecientes al universo y como tales estamos también sometidos a la ley de la atracción. A través de nuestros pensamientos podemos atraer o rechazar la riqueza, el bienestar económico, la calidad de vida. Mi sugerencia para todos los lectores es que hagan uso de la ley de la atracción. Aun aquellas personas que no crean en la misma, inténtenlo; los pensamientos positivos siempre nos ayudan a sentirnos mejor. Como han dicho varios famosos pensadores, entre otros Marco Aurelio:

"Nuestra vida es la obra
de nuestros pensamientos".

Y, para terminar este capítulo, una cita de alguien que nunca tuvo dudas sobre su capacidad para crear riqueza.

"Siempre supe que iba a ser rico. No creo que jamás
haya tenido una duda a ese respecto, ni por un minuto".
Warren Buffett

Temas de reflexión:

1) ¿Te consideras una persona "auto-privilegiada? Si piensas que no lo eres... ¿qué te falta para serlo?:

a. ¿Mejorar tus ingresos?

b. ¿Mejorar la composición de tus activos?

c. ¿Mejorar tus conocimientos financieros para descubrir por qué no lo eres?

2) ¿Crees que tus hijos no tienen la capacidad para llegar a ser autoprivilegiados?

Notas personales:

....

....

....

....

....

....

Capítulo 12

La profesión u oficio es parte de la felicidad

–¿En qué se parecen la suegra y el trabajo?

–En que muchas personas se refieren a ellos como una carga inaguantable, pero esa misma gente los aprecia más de lo que dice.

En la vida no escogemos ni suegra ni trabajo. Ellos se presentan como resultado de la pareja o de la profesión u oficio que hayamos elegido y no son determinantes para nuestra felicidad. Lo que sí es determinante es la pareja o la profesión u oficio que escojamos. Es en ese punto en el que es necesario analizar cuidadosamente las alternativas, y por supuesto la decisión va a estar basada en el nivel de enamoramiento que sintamos por ellas. Con la pareja es fácil; el corazón se expresa con sus fuertes latidos y nosotros todo lo que tenemos que hacer es buscar estrategias para tratar de satisfacerlo. Si no se puede en la primera oportunidad será en la siguiente o en la siguiente, pero siempre es él el que nos está orientando hacia la pareja adecuada.

Por el contrario, la actividad que seleccionemos para obtener el diario sustento no es tan fácil de elegir; no tenemos un corazón que nos oriente en un solo sentido, sino que son muchas las alternativas sobre las cuales debemos escoger. Para ello no basta con dejarnos llevar por la primera impresión; es necesario realizar un cuidadoso análisis que nos ayude a descubrir qué es lo que realmente nos satisface, por cuanto a ello vamos a dedicar la mayor parte de nuestra vida.

Cómo elegir una profesión o un oficio

Pasamos la mayor parte de nuestras vidas en el trabajo. Así que es fundamental que la ocupación u oficio que elijamos nos guste y nos llene totalmente. Deberá ser algo tan atractivo para nosotros que, de no necesitar el dinero, podríamos dedicarnos a ello aun sin recibir nada a cambio.

Si bien existen muchos tests y pruebas que tratan de ayudar a los estudiantes a seleccionar carrera, pienso que uno de los sistemas más efectivos es el de basar la elección en los talentos de la persona. El hecho de poder encaminar al adolescente a hacer carrera en una actividad que esté dentro de su gama de talentos aumentará considerablemente sus posibilidades de éxito y, aún más importante, sus posibilidades de ser feliz... Nada más triste que una persona que tenga que dedicar su vida a realizar actividades que no le gustan o, peor aún, que deteste.

–¿Cómo puede saberse qué talentos tenemos?

Si bien estos pueden identificarse por simple observación, registrando las actividades en las cuales la persona se destaca, los resultados son más precisos cuando se hacen a través de algún estudio especialmente diseñado para ello. Hace algunos años aparecieron un par de pruebas que, probablemente, son las más apropiadas para determinar los talentos de una persona.

La primera está contenida en un libro titulado "Ahora descubra sus fortalezas", de los autores Marcus Buckingham y Donald Clifton. El libro está basado en un amplio estudio llevado a cabo por un equipo de psicólogos de la Organización Gallup y viene acompañado de un test para ayudarnos a identificar los talentos dominantes. La otra manera de identificar los talentos está basada en la teoría de las "inteligencias múltiples" propuesta por el eminente psicólogo Howard Gardner, profesor de la Universidad de Harvard. Sostiene la susodicha teoría de Gardner que cada persona tiene no una sino varias inteligencias, unas más desarrolladas que otras. Se dice, por ejemplo, que la inteligencia de Einstein era equivalente a la de Pelé, pero en diferentes campos.

Según lo anterior, quienes descubren temprano en su vida sus inteligencias más desarrolladas y sus talentos dominantes, y se dedican a actividades asociadas con los mismos, tienen más posibilidades de éxito.

"Nunca alcanzarás realmente el éxito,
a menos de que te guste lo que haces".

Pero no basta con descubrirlos. Una vez identificados los talentos o las inteligencias predominantes, que son las actividades en las cuales nos destacamos o tenemos el potencial para hacerlo, entonces debemos trabajar, a través del estudio y la práctica, para convertirlas en verdaderas fuentes de excelencia. La belleza de todo esto es que puede lograrse con el mínimo esfuerzo, por cuanto serán actividades hacia las cuales nos sentiremos inclinados naturalmente y, por lo tanto, disfrutaremos trabajando en ellas.

Las fortalezas deben ser construidas

Así como los ejércitos se preparan para la guerra construyendo sólidas estructuras o fortificaciones, haciendo uso de los mejores materiales de los que disponen, de la misma manera las personas deben prepararse para afrontar la vida y sacar el mejor provecho de ella. Para lograrlo deberán construir sus propias fortalezas de una forma programada.

De acuerdo con los autores Buckingham y Clifton, el proceso para convertir los talentos en fortalezas es expresado en la fórmula siguiente:

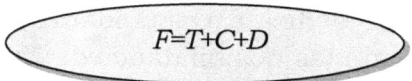

$$F = T + C + D$$

Si descomponemos una Fortaleza nos encontraremos con que esta está conformada por tres elementos: Talento, Conocimiento y Destreza. De estos, el elemento crítico es el talento, puesto que gran parte del mismo es innato; los otros dos pueden adquirirse; el primero en la escuela o por educación informal y el segundo con la práctica.

Según lo anterior, para triunfar en una actividad y convertirla en una verdadera fortaleza debemos contar con el talento relacionado con ella; de otra forma nuestro esfuerzo para tratar de mejorarla logrará algún avance, pero nunca conseguiremos ser excelentes en la misma.

Temas de reflexión:

1) ¿Disfrutas tu ocupación actual?

2) Todos tenemos talentos dominantes; ¿conoces los tuyos?

3) ¿Conoces los talentos de tus hijos?, ¿están encaminados hacia actividades en las cuales puedan emplearlos?

Notas personales:

....
....
....
....
....
....

Capítulo 13

Más importante que ganar mucho dinero es saber administrarlo

Hay personas que, por naturaleza, son eficientes manejando el dinero. Pero esos privilegiados son una pequeña minoría. La gran mayoría de la gente no es tan afortunada y nace y crece con una tendencia natural hacia el gasto más que hacia el ahorro, lo cual hace que se pase la vida sufriendo a causa de dificultades económicas y confiando en que con el siguiente aumento de sueldo, o la prima navideña o el incremento de los honorarios, resolverá sus problemas... pero eso nunca ocurre; vienen nuevos aumentos, nuevas primas navideñas, nuevos honorarios y la situación económica no mejora. No importa cuánto aumenten los ingresos, el dinero nunca alcanza para cubrir los gastos corrientes y mucho menos para ahorrar. Y si los ingresos siguen aumentando, los egresos siempre los superarán... Y así continuarán toda la vida, esperando ganar más, sin alcanzar nunca el tan ansiado bienestar económico (suficiente dinero para cubrir holgadamente las necesidades económicas, y paz mental para disfrutar de la vida sin angustias financieras).

La lista de personas famosas que han ganado mucho dinero pero que han tenido problemas económicos es inmensa.

Famosos exricos pobres

- *Dos años después de dejar de jugar, el 78% de los jugadores de la NFL (National Football League) están quebrados. Uno de los más famosos es 'Mataperros' Michael Vick, que llegó a ser uno de los mejor pagados (US$130 millones). Luego ganaba $0.12 por hora por lavar platos en la cárcel. Más adelante, cuando salió de la cárcel, se recuperó.*
- *Dentro de los cinco años siguientes al retiro, el 60% de los jugadores de la NBA (National Basket Association) están quebrados. Uno de los casos más conocidos es el de Scottie Pippen, quien obtuvo ingresos archimillonarios, pero su gran fortuna se redujo considerablemente.*
- *Michael Jackson, pese a haber sido uno de los artistas mejor pagados de la historia, terminó su vida con dificultades económicas. Serán sus herederos quienes disfruten las regalías generadas (¡si saben administrar el dinero!).*
- *Nicolas Cage, a pesar de todos los millones ganados, ha pasado momentos financieros difíciles.*
- *Kim Basinger, hizo un mal negocio inmobiliario y terminó declarándose en quiebra.*
- *Lo mismo ha ocurrido con boxeadores que recibieron mucho dinero durante sus carreras: Mike Tyson, Evander Holyfield o Ricky Bowe.*
- *Futbolistas famosos como Diego Maradona, George Best, Ronaldihno, Adriano, Paul Gascoigne, Romario y muchos otros, también han tenido problemas económicos.*

Dos comunes denominadores identifican a las personas mencionadas en el cuadro anterior: su habilidad para generar ingresos y su poca habilidad para administrarlo.

La única manera de corregir el problema anterior consiste en adoptar e internalizar el paradigma de la administración eficiente: "más importante que ganar más dinero es saber administrar el que se tiene".

Por supuesto la mejor situación se presenta cuando se tienen las dos cosas: se gana mucho dinero y se sabe cómo administrarlo...

Pues bien, hacia eso conduce la educación sobre finanzas personales. Inclusive personas con ingresos modestos, trátese de un empleado de salario mínimo o de un microempresario, pueden acumular riqueza si aprenden a administrar los ingresos, a controlar sus gastos, a ahorrar y a invertir bien esos ahorros. Los intereses generados por las primeras inversiones irán acrecentando cada día el capital, inicialmente a un ritmo desesperantemente lento, pero luego, en la medida en la que el capital aumente, los rendimientos se irán haciendo más visibles. Llegará un momento en el que habrá el suficiente dinero para pagar la cuota inicial del primer vehículo, más adelante para la vivienda y los muebles, y así sucesivamente. Todo ello de una forma ordenada y sistemática, de acuerdo con un plan bien concebido y bien ejecutado.

Temas de reflexión:

Probablemente tus esfuerzos económicos actuales están dirigidos a aumentar tus ingresos a través de los medios tradicionales: pidiendo aumento de sueldo, incrementando el valor de tus servicios o esperando ganarte la lotería. Esas son vías que generalmente están fuera de tu control, pero hay una que sí depende exclusivamente de ti: la eficiente administración de tus ingresos... En los próximos capítulos encontrarás cómo hacerlo.

Notas personales:

....
....
....
....
....
....

Capítulo 14

Los sueños son alcanzables...
con el plan adecuado

Todo el mundo tiene sueños, fantasías, deseos, cosas que quiere, pero no todo el mundo tiene objetivos. Para alcanzar un sueño es necesario seguir un proceso de planificación que comienza por convertirlo en objetivo. Es un proceso sencillo, que consiste en definir con claridad lo que se quiere, se sueña o se desea, y expresarlo en forma concreta, por escrito, fijándole una fecha para verlo cumplido y, lo más importante de todo, adquiriendo el autocompromiso de llevar a cabo las acciones conducentes al mismo.

Séneca, el famoso filósofo y orador, expresó sabiamente la importancia de fijar objetivos cuando dijo:

> *"No hay ningún viento favorable*
> *para quien no sabe para dónde va".*

Salud, dinero y amor... son las tres metas tradicionales comunes a todo el mundo. Sin embargo, si no se hace una definición concreta de las mismas, no pasan de ser simples palabras vacías. En el aspecto económico y financiero, los objetivos son las cosas que deseamos y que el dinero puede proveernos: educación, vivienda, una cuenta bancaria abultada, un vehículo, etc. Para definirlos, el siguiente proceso es de gran ayuda.

Proceso para convertir los sueños en objetivos

1. **Divergir:** Haz una lista con todas las cosas que deseas, sin restricciones, sin juzgarlas; simplemente deja vagar la mente y anota todo lo que te gustaría tener: el nivel de educación que quieres alcanzar, el monto de dinero que deseas recibir, el carro que te gustaría conducir, la casa en la que quieres vivir... Mírate en una agencia adquiriendo tu vehículo, identifica la marca, el tamaño, el color, los asientos; aspira el olor a nuevo. Imagínate ahora frente a tu nueva vivienda; visualiza el lugar, la arquitectura, los jardines, los muebles... Imagina luego unas agradables vacaciones en la playa, a última hora de la tarde, caminando por la arena, dejándote acariciar las mejillas por la brisa marina... Piensa en el tipo de retiro que quieres tener... en la playa, la montaña o viajando por lugares exóticos... No te restrinjas; deja vagar tu mente; es un ejercicio personal.
2. **Converger:** Revisa la lista y trabaja sobre ella. Probablemente has anotado ideas superpuestas o cosas que realmente no te interesan tanto como para dedicarles esfuerzo.
3. **Priorizar:** Analiza cada una de las palabras o frases que han quedado en la lista y enuméralas, dando prioridad a aquellas cosas que deseas con mayor intensidad.
4. Diseña un plan: Piensa en las estrategias que podrías llevar a cabo para conseguir las cosas que quieres. Estima el monto y la fecha en que, razonablemente,

podrías obtenerlas, y anótalos frente a las mismas. El hecho de colocar los sueños en un papel, evaluarlos, cuantificarlos y ponerles una fecha, tiene un valor indescriptible. Es, en primer lugar, un compromiso personal y, en segundo, una herramienta de medición. Ese es el primer paso en el proceso de planificación, a través del cual podrás hacer que tus sueños, tus objetivos, por grandes que sean, se conviertan en realidad.

> *"Un sueño al que se le diseña un plan*
> *se convierte automáticamente*
> *en un objetivo alcanzable".*

–¡Muy interesante! –comentaba alguna vez en una charla de sobremesa un amigo bromista con unos tragos encima–. Así que si yo tengo una fantasía todo lo que necesito es ponerle una fecha, diseñarle un plan y ya, ¡la cosa está hecha!

–Digamos que, con un plan, las probabilidades de alcanzar el sueño se incrementan significativamente – respondí–. En el mismo momento en el que empieces a darle forma a tu sueño, este va siendo más accesible y, al final, con suficiente persistencia, podrías convertirlo en realidad. Por ejemplo –quise ilustrar el argumento con un ejemplo difícil– un sueño que parecería inalcanzable para un seminarista sería el de llegar a ser Papa; sin embargo, si se traza un plan con estrategias bien pensadas y lo ejecuta inteligentemente, podría llegar a lograrlo.

Pero mi amigo no quiso darse por vencido.

–¿Y qué tal si la persona que desea ser Papa no es un cura sino una monja? –continuó insistentemente–. ¿Eso significa que todo lo que tiene que hacer es preparar un plan para convertir su sueño en objetivo y así podrá hacerlo realidad?

–Poco probable, pero posible –le respondí incómodo por su insistencia–. Cuando se tienen objetivos grandes que a primera vista parecen inalcanzables, deben subdividirse en objetivos más pequeños, e ir trabajándolos escalón por escalón. Podría, por ejemplo, trazarse como primer objetivo el de cambiar las reglas de la Iglesia.

Durante esa charla el tema quedó hasta ese punto, y yo terminé un poco molesto por el incidente; pero unos días después tuve la oportunidad de darle una respuesta más acertada. Encontré por coincidencia la siguiente información en Internet.

Leyenda de la papisa Juana

Ocurrió por allá por el siglo IX. Se trataba de una mujer inteligente y preparada que limitada a progresar por ser mujer, decidió disfrazarse de hombre. De esa forma, dado su excepcional talento, pronto se convirtió en secretaria de la curia romana y en mano derecha del papa León IV. A la muerte de este, muy hábilmente se hizo elegir como papisa. Su reinado finalizó cuando quedó embarazada y dio a luz durante una procesión.

Cuenta la leyenda que a partir de este vergonzoso episodio, la Iglesia decidió verificar la virilidad de los candidatos a la silla de San Pedro. Para esto, un clérigo examinaba manualmente al candidato a través de una silla perforada. Si todo estaba bien debía declarar: "Duos habet et bene pendentes" (Tiene dos y cuelgan bien).

¡Definitivamente... los sueños, por imposibles que parezcan, pueden convertirse en realidad!

Citas de algunos famosos:

"Si has construido castillos en el aire, tu trabajo
no se ha perdido; es allí donde deben estar.
Ahora, construye las bases debajo de ellos".
Henry David Thoreau

"Todos nuestros sueños pueden convertirse
en realidades... si tenemos el coraje de ir tras ellos".
Walt Disney

"Nunca se está demasiado viejo para fijarse
otro objetivo o para soñar un nuevo sueño".
C.S. Lewis

"Todas las personas exitosas tienen un objetivo.
Nadie puede llegar a ninguna parte a menos que sepa
hacia dónde quiere ir y lo que quiere ser o hacer".
Norman Vincent Peale

"Si quieres disfrutar de una vida feliz,
átala a un objetivo, no a personas o cosas".
Albert Einstein

Temas de reflexión:

Todos esperamos algo del futuro. Piensa en lo siguiente:

¿Lo tuyo son objetivos, o no pasan de ser meros sueños?

Notas personales:

....
....
....
....
....
....

Capítulo 15

La planificación financiera es la vía para crear bienestar económico

Todos en la vida planificamos, de una u otra forma. La planificación no es una elección. Nadie puede decidir si hacerlo o no. Los seres humanos somos planificadores por naturaleza. Desde pequeñas cosas como pensar en la mejor ruta para ir al trabajo o regresar a casa, o dónde ir a pasar las vacaciones, hasta temas más trascendentales como elegir una carrera o un oficio, adquirir un sitio para vivir o montar un negocio. Permanentemente estamos analizando nuestra propia situación y sopesando alternativas para mejorarla, diseñando estrategias y pensando en acciones que debemos realizar; en otras palabras, estamos planificando. Todo lo anterior está muy bien, así funciona nuestra mente y así, poco a poco, vamos logrando las cosas que queremos. El problema está en que muchas personas hacen planes mentales dispersos, sin un orden específico, y esperan obtener resultados de los mismos. Luego, cuando no los obtienen, entonces sugieren que la planificación no sirve para nada y llegan a una conclusión errónea: ¡para qué planificar, si los planes nunca se cumplen! Otros bromean al respecto, dando a entender que la Divina Providencia se encarga de todo. Probablemente este es el caso del director Woody Allen, quien, con su particular humor, en alguna oportunidad pronunció la siguiente frase:

"Si quieres hacer reír a Dios, cuéntale tus planes".

Es un hecho cierto que los planes nunca se cumplen al pie de la letra. Cuando hay una buena planificación seguida de una eficiente ejecución, los resultados logrados, generalmente, distan de los objetivos planteados originalmente... ¡usualmente son mejores! Y esto es así porque la planificación es dinámica y va adaptándose paulatinamente para tomar ventaja de las situaciones cambiantes que van presentándose. El mayor valor de la planificación se encuentra en el proceso; en el análisis de la situación actual y en la búsqueda y actualización permanente de estrategias para lograr los objetivos.

Es importante aprender a planificar dentro de un marco organizado que nos permita mejorar nuestro proceso de toma de decisiones. El logro de nuestros objetivos no podrá concretarse sin un plan, como muy bien lo expresa una frase muy utilizada en el mundo empresarial para enfatizar la importancia de la planificación:

"Un objetivo sin un plan no es más que un sueño".
Anónimo

La principal razón por la cual la mayoría de las personas no alcanza sus objetivos es porque no se toma el trabajo de pensar seriamente en ellos, de evaluarlos, definirlos claramente, dimensionarlos, investigarlos, convencerse de que son logrables, y entonces pensar en alternativas para alcanzarlos. En otras palabras, diseñar un plan que los vaya conduciendo paso a paso hacia ellos.

Imagina que eres un buscador de tesoros. Te has pasado tu vida intentando dar con uno muy especial. Uno que te resolverá tus problemas económicos de por vida. Sabes que existe pero no sabes dónde está. Un día te enteras de que la información se encuentra en una biblioteca pública. Visitas la biblioteca y encuentras el libro que habla sobre el tesoro que buscas, e indica el lugar preciso en donde este se encuentra. Se trata de un sitio desconocido para ti. Tienes algunos indicios de su ubicación pero no lo sabes con exactitud. ¿Qué es lo primero que haces, una vez pasada la emoción del momento? Por supuesto anotar la dirección y luego buscar un plano en Internet que te permita ubicar el lugar con exactitud y la mejor ruta para llegar a él. No quieres correr el riesgo de perderte en el camino. Luego tendrás que pensar cuidadosamente en los detalles del viaje y deberás trazarte un plan: ¿cómo llegarás al lugar?, ¿lo

harás en carro o tendrás que tomar un avión?, ¿qué harás con el tesoro una vez que lo encuentres?, ¿en dónde lo guardarás para que esté seguro?, ¿cómo lo administrarás para hacer que te dure toda la vida?, ¿con quiénes compartirás tu suerte?... En fin, son muchos los detalles que debes cubrir para asegurarte de sacar el mejor provecho de tu tesoro.

El bienestar económico es ese tesoro al que todos queremos acceder y el libro que te orientará para encontrarlo es el que tienes ahora entre tus manos. Traza tu propio plan, siguiendo las indicaciones, ejecútalo paso a paso, y con toda seguridad lograrás acceder a tu tesoro.

"Planea para el futuro, porque allí es donde pasarás el resto de tu vida".

Mark Twain

Plan para alcanzar el bienestar económico

1. Establece objetivos concretos
2. Conoce tu punto de partida (Balance personal)
3. Analiza tu comportamiento para administrar el dinero (Estado de ingresos y gastos)
4. Proyecta tus ingresos y gastos futuros (Presupuesto)
5. Invierte tus ahorros sabiamente
6. Haz seguimiento trimestral a tu plan

En los próximos capítulos desarrollaremos cada uno de los pasos del proceso. Para lograr resultados no basta con leerlos; es fundamental ponerlos en práctica de inmediato. Al terminar cada capítulo trabaja sobre el mismo. Ponte en acción hoy mismo. No lo dejes para mañana, porque mañana pensarás igual y decidirás dejarlo para "mañana" y así, de mañana en mañana, te pasarás la vida esperando ganarte la lotería sin haber comprado el billete.

"La planificación a largo plazo
no es pensar en decisiones futuras,
sino en el futuro de las decisiones presentes".

P. Drucker

Temas de reflexión:

¿Te ha ocurrido alguna vez el haber perdido un tiempo valioso buscando una dirección, por no haberte tomado el trabajo de ubicarla con precisión en un plano y haber pensado en la mejor ruta para llegar?

¿*Encuentras alguna similitud entre el ejemplo anterior y la búsqueda de lo que quieres en la vida?*

Notas personales:

....
....
....
....
....
....

Capítulo 16

Para mejorar es necesario cambiar

> *"Todo el mundo odia el cambio, sin embargo*
> *es lo único que ha traído el progreso".*
>
> *Charles Kattering*

Una de las características fundamentales con la que cuentan las personas que alcanzan el bienestar económico, a las cuales yo llamo auto-privilegiadas, es la actitud mental positiva con la que asumen los cambios conducentes al mejoramiento de sus finanzas personales. Se trata de un cambio de paradigmas con respecto al dinero, un cambio de hábitos de consumo, un cambio en la forma de interpretar la riqueza... En fin, de un cambio de comportamiento. Un cambio que, desafortunadamente, sólo unas pocas personas están dispuestas a efectuar, por cuanto este implica cumplir con algunos requisitos.

Primer requisito:

Reconocer que se requiere un cambio de comportamiento

Para comenzar, la persona tiene que comprender su situación actual, reconocer que su problema está en su desacertada gestión en lo que a dinero se refiere, y no engañarse culpando a sus bajos ingresos, los altos precios o sus muchas responsabilidades económicas. Deberá estar plenamente consciente de que su problema no se resuelve con un préstamo o con una nueva fuente de ingresos, sino con un profundo cambio (mejoramiento de comportamiento en la administración del dinero, que le procure una solución permanente.

Segundo requisito:
Querer hacer el cambio

La segunda condición, indispensable para lograr el cambio de comportamiento, consiste en querer hacerlo. Si una persona no quiere cambiar, no hay poder humano que pueda hacerlo por ella. Para ayudarse a desear ese cambio, es fundamental comprender claramente... visualizar los beneficios del cambio y entonces comprometerse consigo misma a llevarlo a cabo.

–¿Cuáles son los beneficios de hacer un cambio de comportamiento desde el punto "No sé cómo administrar el dinero", en el que se encuentra la mayoría de la gente hoy en día, a "Sé cómo administrar el dinero"?

–¡El bienestar económico! Expresado en forma de una confortable vivienda, ubicada en un lugar que te agrade y que esté amoblada confortablemente; un vehículo del cual puedas sentirte orgulloso; vacaciones y viajes frecuentes a lugares soñados...; y, por supuesto, liquidez permanente: ¡que nunca falte el dinero tanto en el bolsillo como en el banco!

Tercer requisito:

Estar dispuesto a pagar el precio del cambio

"No hay almuerzo gratis", es una conocida frase popularizada por el famoso economista Milton Friedman, para hacernos conscientes de que todo lo que queremos requiere de alguna compensación. Someterse a un cambio de comportamiento no es ni inmediato ni fácil…, es un proceso que toma tiempo…, esfuerzo…, disciplina… y persistencia…, ¡muuucha persistencia! Se trata de cambiar paradigmas, de aprender sanas prácticas financieras y de hacer uso de ellas para extirpar los malos hábitos de consumo que han estado arraigados por mucho tiempo en tu estilo de vida y cambiarlos por otros que te ayuden a administrar eficientemente los ingresos.

Cuarto requisito:

Saber cómo hacer el cambio

El cuarto requisito es el más sencillo de todos. Una vez que se está mentalmente convencido de querer hacer el cambio de comportamiento y se está dispuesto a pagar el precio requerido, el paso final consiste en seguir los pasos del "Plan para alcanzar el bienestar económico" que enunciamos en el capítulo anterior y que veremos en detalle en los próximos capítulos. Es fundamental que los estudies con dedicación y los practiques permanentemente hasta convertirlos en hábitos, y más tarde en paradigmas. Haciéndolo de esta manera, con disciplina y constancia, verás cómo, poco a poco, escalón por escalón, el bienestar económico irá llegando a tu hogar.

Temas de reflexión:

Si tienes problemas económicos, lo más probable es que ellos se deban a tu mala administración de los ingresos.

Tendrás que hacer las cosas de forma diferente... tendrás que cambiar tu comportamiento con respecto al manejo del dinero.

Reflexiona sobre la siguiente cita:

¡Si quieres salir del agujero, deja de cavar!

Anónimo

Notas personales:

....
....
....
....
....
....

Capítulo 17

Los ESTADOS FINANCIEROS son imprescindibles

Es impensable pretender establecer un sistema de mejoramiento de la calidad de un proceso o de una gestión gerencial sin tomar en cuenta las mediciones.

Las mediciones son necesarias, ineludibles, indispensables, imprescindibles, obligatorias, esenciales, irremplazables, perentorias, vitales... No sé si se me pasó algún adjetivo conducente a enfatizar la importancia de establecer un sistema de mediciones, de monitoreo, de control contable, para garantizar la eficiente gestión en el manejo de la economía y las finanzas de la familia.

Todo el mundo lo sabe, es un paradigma generalizado: una empresa necesita llevar un estricto control contable a través de los estados financieros para operar eficientemente.

Durante las conferencias que dicto, al introducir el tema de "la familia es la empresa básica de la sociedad", después de hacer la disertación correspondiente, pregunto a los asistentes:

–Espero que a estas alturas de la conferencia todos estemos de acuerdo con que la familia es una empresa, la empresa básica de la sociedad. ¿Estoy en lo cierto?

Después de un titubeo inicial, se escuchan algunas voces asintiendo. Repito la pregunta, tratando de

111

involucrar a todo el auditorio, hasta que logro un SÍÍÍÍ unánime. Entonces les hago una nueva pregunta:

–¿Consideran ustedes que una empresa puede ser exitosa sin llevar un control adecuado de sus operaciones?

Algunas voces se escuchan: "Por supuesto que no". Insisto sobre la pregunta hasta obtener un ¡NOOOO! unánime. A continuación les hago una afirmación esperando que todos asientan.

–Todos y cada uno de nosotros pertenecemos a una familia...

En ese punto hago una pausa para dar tiempo a que los participantes asimilen el concepto y su correspondiente deducción lógica... y luego hago énfasis sobre la misma:

–...Todos estamos de acuerdo con que una empresa no puede funcionar sin el control adecuado de sus operaciones y, por otra parte, todos los aquí presentes pertenecemos a una empresa llamada familia... la empresa básica de la sociedad. Por favor levanten la mano quienes llevan un control de su vida financiera familiar.

Generalmente unos pocos levantan el brazo.

–¡Excelente! –los felicito, y a continuación pregunto nuevamente:

–¿Alguno de los que levantaron la mano, ¡que no sea contador! –aclaro– puede ayudarme a explicar lo que son los estados financieros, para el beneficio de aquellos que no lo hicieron?

Hago la aclaración de que no sea contador, para ver si realmente alguno de los asistentes no relacionados con las finanzas como profesión, entiende lo que significa el término "estados financieros". La respuesta usualmente es muy escasa. Son muy pocas las personas no profesionales financieras o contables que comprenden lo que son los estados financieros y se atreven a explicarlo.

Después de una breve discusión, en la cual participan principalmente las personas que tienen experiencia en gestión de negocios, se llega a la definición del término de estados financieros.

Estados financieros

Son los informes que necesita una empresa para llevar el control de su gestión. Para mencionar algunos de ellos: el balance general, la evolución patrimonial, el estado de resultados o de pérdidas y ganancias, el flujo de efectivo, las utilidades retenidas, etc.

Entonces vuelvo a hacer la pregunta, esta vez dirigida a las personas que levantaron la mano cuando pregunté quienes llevaban control.

–Ahora, por favor, levanten la mano quienes lleven el control de su vida financiera haciendo uso de los estados financieros.

Generalmente sólo los profesionales de finanzas y contabilidad, si es que hay alguno, levantan la mano. Para los demás participantes esa es una materia totalmente desconocida.

Para introducirlos en el tema presento un fragmento de un capítulo de la serie de televisión americana "King of Queens", en el cual los protagonistas, una joven pareja con buenos ingresos pero pésima administración de los mismos, reciben un llamado de atención del padre-suegro, un hombre con experiencia que conoce la importancia de llevar un estricto control del dinero.

¿Dónde están sus libros?

El argumento se desarrolla mostrando los problemas financieros que tiene la pareja protagonista (Doug and Carrie). Necesitan realizar unas reparaciones urgentes a la casa y no tienen dinero para ello. Así que deciden acudir al padre de Doug para que les preste 20 mil dólares.

Después de muchos rodeos, por cuanto Doug siente vergüenza con su padre, comentándole sobre las reparaciones que necesita su casa y el costo que estas implican, decide lanzarle la solicitud de forma apresurada.

–¿Puedes prestarnos 20 mil dólares? –le susurra sorpresiva e ininteligiblemente.

El padre no entiende. –¿Quééé?

–Que si nos prestas $20.000...

–¿Cómo? –pregunta nuevamente el papá sorprendido– . ¿No tienen plata para la reparación? Pero si los dos trabajan y tienen buenos sueldos. ¿No tienen una reserva para emergencias?, ¿qué hacen con el dinero?

–Pues... nos lo gastamos –responde Doug mostrando el fondo vacío de sus bolsillos. El papá, antes de soltarles el dinero, quiere conocer las cuentas de la pareja, así que le pregunta por sus estados financieros.

–¿Dónde están sus libros? –pregunta.

Doug lo mira perplejo, sin entender de lo que su padre está hablando.

–¿Los libros? –repite dubitativamente– ¿En la biblioteca...?

Por supuesto la pareja no lleva ningún control de sus finanzas, por lo cual su vida económica es un desastre.

El caso de la pareja de esta comedia no es una excepción; por el contrario, es lo normal: solamente muy contadas personas conocen y hacen uso de los estados financieros para controlar sus finanzas, razón por la cual la mayoría de las familias no son económicamente exitosas. Este concepto debe quedar bien grabado en tu mente: una persona... una familia no puede alcanzar el éxito económico si no se ayuda con los estados financieros básicos.

Voy a destacarlo para que quede grabado en tu mente:

Una persona... una familia, no puede alcanzar el éxito económico si no se ayuda con los estados financieros básicos.

Es muy importante perderles el miedo. Son una herramienta sencilla de desarrollar y necesaria para lograr el éxito económico.

La administración de la empresa "familia" es más sencilla que la de una empresa comercial, por lo tanto los tres estados financieros fundamentales que pueden ver enmarcados en el siguiente cuadro, son más que suficientes para llevar una vida financiera sana.

Los estados financieros fundamentales

1. **El balance personal:** *Para monitorear la creación de riqueza.*
2. **El estado de ingresos y gastos:** *Para evaluar el desempeño en el manejo del dinero del día a día.*
3. **El presupuesto:** *Para controlar los gastos futuros.*

Dada la importancia de los estados financieros individualmente, le dedicaremos un capítulo a cada uno de ellos.

Una advertencia para quienes hayan leído el libro "Finanzas para Papá... y Mamá" en Colombia o "Finanzas para Papá" en el resto de los países de habla hispana, y hayan hecho uso de los formatos que lo acompañan: los formatos para preparar los estados financieros que vamos a ver en este libro son un poco diferentes a los que ustedes conocen. El autor, en un intento por simplificar el trabajo de los lectores, ha diseñado unos formatos más sencillos. Estos se salen un poco de los formatos de los estados financieros tradicionales, pero son más prácticos y van a requerir menos esfuerzo por parte de las personas no habituadas a llevar este tipo de control.

Es muy difícil, si no imposible, crear riqueza sin llevar un control estricto de las finanzas personales.

Conclusiones de un estudio de la revista Forbes

1. Un factor común entre los billonarios del mundo es su habilidad con los números

Este fue el resultado de una encuesta realizada por la revista FORBES con el fin de conocer los factores comunes a los billonarios de su lista de los 400 hombres más ricos del mundo en 2010. La conclusión de los autores del estudio es que la habilidad para manejar números es un elemento clave en el proceso para crear riqueza.

2. La habilidad matemática es hereditaria

Esta fue otra de las conclusiones del estudio. Se encontró que la gran mayoría de los billonarios provenían de familias con padres habituados a manejar números.

Comúnmente sus progenitores eran ingenieros, contadores o propietarios de pequeños negocios.

Las anteriores evidencias vienen a corroborar la gran responsabilidad que tienen los padres sobre la situación financiera de sus hijos. El inculcar en ellos la práctica de llevar control de sus ingresos significa proveerlos de una herramienta indispensable para asegurarles el éxito económico en sus vidas.

Pero, por otra parte, tenemos también referencias tranquilizadoras: no se trata de ser genios matemáticos, sino simplemente de manejar las funciones aritméticas fundamentales: las cuatro operaciones básicas y el concepto de porcentajes e interés compuesto, para controlar los movimientos del dinero.

"Si para ser un gran inversionista
se requiriera el cálculo o el álgebra,
yo tendría que volver a repartir periódicos".
Warren Buffet

Sin embargo nos advierte que llevar las cuentas es fundamental para tener éxito en los negocios.

"La contabilidad es el lenguaje de los negocios".
Warren Buffet

117

Temas de reflexión:

De una u otra forma todos tenemos algún sistema, así sea elemental, para tratar de administrar la vida económica.

Analiza el sistema que utilizas para que, más adelante, lo compares con los que veremos en los próximos capítulos.

Notas personales:

....

....

....

....

....

....

Capítulo 18

El "BALANCE PERSONAL" es indispensable para medir el enriquecimiento familiar

Cuando pregunto en los talleres y seminarios quiénes de los participantes saben lo que es un balance personal, generalmente la mayoría de los asistentes, particularmente los de mayor edad, levantan el brazo. Pregunto luego cuándo prepararon un balance por última vez, y las respuestas más usuales son:

–Cuando compré el carro.

–Cuando el banco me lo pidió para la compra de la vivienda.

–Cuando me lo solicitaron para…

Siempre lo han hecho cuando alguna entidad se lo ha solicitado con un fin determinado, lo cual significa que realmente no conocen la utilidad de esta herramienta de medición. Es probable también que se lo haya preparado un contador, con lo cual han perdido la oportunidad de aprender a hacerlo personalmente.

Para repasar el concepto, vamos a utilizar un ejercicio sencillo:

Problema: *La única propiedad que tiene Juan es un carro que vale $10 mil dólares, pero Juan le debe al banco $4 mil dólares.*

¿Cuál es la riqueza real de Juan?

Es importante que resuelvas este problema antes de seguir adelante, puesto que a través de él comprenderás lo sencillo que es preparar un balance.

Si ya lo resolviste, vamos entonces a comparar resultados. La respuesta correcta es $6 mil dólares, los cuales obtenemos al restar los $4 mil dólares que debe al banco de los $10 mil que tiene representados en el carro.

¡Felicitaciones! Acabas de ayudar a Juan a hacer su primer balance personal, porque de eso se trataba el problema.

Si te pareció demasiado infantil la anterior explicación, probablemente es porque ya dominas estos temas. Espero que no sea sólo en la teoría, sino que también los apliques en la vida diaria.

Trabajando nuevamente sobre el problema anterior, para efectos de la preparación de un balance, el carro son los "activos" de Juan, la deuda con el banco son los "pasivos" y la riqueza real es el "patrimonio".

Veamos ahora la definición de los términos anteriores que nos da el diccionario de la RAE (Real Academia Española de la Lengua).

Balance

"Confrontación del activo y el pasivo para averiguar el estado de los negocios o del caudal". (RAE)

El balance muestra la situación financiera de una persona o de una empresa en un momento determinado; es algo así como una radiografía de la salud financiera de la familia.

El balance nos permite llevar un control de la efectividad de nuestra gestión económica. Si lo hacemos bien, el balance nos lo mostrará; y si nuestra gestión no es tan positiva, el balance nos dará la voz de alerta para indicarnos que debemos corregir el rumbo.

En la figura 1 podemos ver el formato que se utiliza para preparar un balance simplificado.

La finalidad del formato simplificado es la de hacer más fácil el proceso de preparación de esta útil herramienta contable. Este formato no es un balance tradicional, como el que preparan los contadores para presentar a las entidades financieras, sino solamente una herramienta útil para hacerle seguimiento al proceso de enriquecimiento de la familia.

Lo que sigue son unas explicaciones sencillas de la terminología utilizada en el balance. Para algunos conocedores del área contable estas explicaciones pueden resultar triviales. Sin embargo, pienso que van a ser de utilidad para la mayoría de los lectores. Sé, por evidencias comprobadas durante nuestros talleres, que la mayoría de la gente no las conoce. Una de las cosas que he aprendido de los participantes es que a muchos adultos les da vergüenza reconocer que no están familiarizados con esta materia y temen preguntar, porque piensan que van a ser tachados de tontos por otros adultos que ellos creen que saben, pero que tampoco saben y a quienes también les da pena preguntar... y así, nadie pregunta y todos se mantienen sin saber... Es fundamental comprender estos conceptos para poder fijar objetivos claros, y así llevar control de las estrategias que conducen a los mismos. Vamos a repasarlos brevemente.

Para conocer los componentes del balance, vamos a adoptar las definiciones que sobre ellos nos muestra la Real Academia de la Lengua.

Figura 1

BALANCE PERSONAL SIMPLIFICADO	
ACTIVO:	**Monto ($)**
Efectivo en caja y bancos	
Cuentas de ahorro	
Fondo de pensión	
Fondo de cesantía	
Otras inversiones	
Vivienda principal	
Vivienda(s) secundaria(s)	
Otros bienes raíces	
Autos personales	
Otros vehículos	
Participación en negocios	
Muebles y enseres	
Otros activos	
I. Total activo	**$0**
PASIVO:	**Monto ($)**
Préstamos personales	
Tarjetas de crédito	
Primas de seguros	
Impuestos	
Hipotecas sobre inmuebles	
Deuda por vehículos	
Otros	
II. Total pasivo	**$0**
Patrimonio (I - II)	**$0**

Activos

"Conjunto de todos los bienes y derechos con valor monetario que son propiedad de una empresa, institución o individuo, y que se reflejan en su contabilidad". (RAE)

En la práctica, se refiere a todas las cosas que posee la familia y que tienen un valor determinado. La lista del formato de presupuesto incluye los activos y pasivos más comunes. (Fig. 1)

Pasivos

"Valor monetario total de las deudas y compromisos que gravan a una empresa, institución o individuo, y que se reflejan en su contabilidad". (RAE)

Cuando en los cursos que ofrecemos empezamos a tocar el tema de los pasivos, este generalmente es recibido con suspiros, comentarios jocosos y sonrisas nerviosas.

–¡Ufff! – exclamaba un participante en una oportunidad–. Si empezamos a hablar de deudas no acabamos hoy.

–¡De eso sí que sabemos!, ¿verdad? –comentaba otra joven, mientras buscaba el asentimiento de su vecina.

Recuerdo que en esta última ocasión aproveché el comentario para iniciar una interesante disertación sobre el tema:

–¿Por qué crees que ustedes saben de deudas? –le pregunté a la persona que hizo el comentario.

–Bueno…, –titubeó un poco– porque vivimos endeudadas respondió con una risita nerviosa, buscando nuevamente el apoyo de su compañera.

Entonces me dirigí al resto del auditorio.

–¿Alguien quiere hacer algún comentario al respecto?

Después de unos momentos de silencio, quien lo hizo fue un señor ya mayor y al parecer con amplia experiencia en negocios (luego me enteré de que era un empresario bastante próspero).

–En realidad es todo lo contrario, y me disculpan señoritas –dijo dirigiéndose a las muchachas– pero cuando se sabe manejar las deudas uno no vive endeudado sino que utiliza el crédito para generar riqueza... para invertir, de manera tal que el dinero prestado produce una utilidad mayor que los intereses que están pagándosele a la entidad crediticia y cuando se vence el plazo queda un beneficio considerable. De esa forma no se mantiene una deuda crónica, que es lo que entendí del comentario de la bella dama. Espero no haberlas molestado con lo que he dicho –terminó de hablar tratando de disculparse con las jóvenes.

–Efectivamente, esa es la forma correcta de manejar los pasivos –concluí el episodio, agradeciéndole al señor su intervención.

El patrimonio

"Diferencia entre los valores económicos pertenecientes a una persona física o jurídica y las deudas u obligaciones contraídas". (RAE)

Creo que la definición es suficientemente clara: si restamos lo que debemos (pasivos), de lo que tenemos (activos) obtendremos el patrimonio.

El objetivo de la administración de los recursos familiares es el de conseguir que estos alcancen para cubrir holgadamente los gastos de la familia y además hacer crecer el patrimonio hasta lograr el "óptimo económico", es decir aquel punto en el cual más dinero no genera

Figura 2

BALANCE TRIMESTRAL SIMPLIFICADO				
ACTIVO:	I	II	III	IV
Efectivo en caja y bancos				
Cuentas de ahorro				
Fondo de pensión				
Fondo de cesantía				
Otras inversiones				
Vivienda principal				
Vivienda(s) secundaria(s)				
Otros bienes raíces				
Autos personales				
Otros vehículos				
Participación en negocios				
Muebles y enseres				
Otros activos				
I. Total activo	0	0	0	0
PASIVO:				
Préstamos personales				
Tarjetas de crédito				
Primas de seguros				
Impuestos				
Hipotecas sobre inmuebles				
Deuda por vehículos				
Otros				
II. Total pasivo	0	0	0	0
Patrimonio (I - II)	0	0	0	0

mejor calidad de vida. Para lograrlo debemos lograr que la diferencia entre los activos y los pasivos sea cada vez mayor.

El seguimiento es imprescindible

En las empresas de negocios los estados financieros se revisan mensualmente. De esa forma los ejecutivos evalúan periódicamente su gestión como administradores. De la misma manera deben hacerlo los gerentes responsables de la empresa "familia", la más importante de la sociedad.

Para asegurarse de que el patrimonio está creciendo, es fundamental hacer seguimiento periódico. En la figura 2 pueden ver el formato que se utiliza para hacer ese seguimiento. Deberán actualizarlo trimestralmente y analizarlo: si el monto del patrimonio aumenta a un ritmo mayor que el de la inflación, significa que van por buen camino en el proceso para crear riqueza; caso contrario, estarán empobreciéndose y será necesario aplicar los correctivos correspondientes.

–Ahora bien... ¿cómo hacer para que el patrimonio crezca en forma consistente?

–Sólo hay una manera: administrando los ingresos sabiamente, para hacer que estos nos permitan cubrir los gastos y que quede un remanente para el ahorro. Ese remanente es el que va a engrosar la cifra de los activos.

Una herramienta fundamental para ayudarnos a administrar sabiamente los ingresos es el estado financiero que veremos en el próximo capítulo: el estado de ingresos y gastos.

Temas de reflexión:

¿Sabes cómo se prepara un balance? Te invito a queabras una hoja de Excel, diseñes un formato similar al de la figura 1 y procedas a preparar tu primer balance personal. Para no hacer tedioso el proceso, no es necesario que los montos que anotes sean exactos. En principio, haz la mejor aproximación que te sea posible. Más adelante, en la medida en

que te habitúes a prepararlo trimestralmente, irás afinando las cifras.

Notas personales:

....
....
....
....
....
....

Capítulo 19

El control permanente de los ingresos y los gastos es fundamental en el proceso de la creación de bienestar económico

Pitágoras Rodríguez es el nombre de un interesante personaje que conocí en una reunión de empresarios a la cual yo había sido invitado para dictar una conferencia. Se trata de un exitoso empresario dedicado al negocio de los restaurantes. Durante la conversación que sostuvimos, me contó orgullosamente la historia de cómo era que él había pasado de ser un microempresario que preparaba comidas baratas para vender a los empleados de las empresas de los alrededores, a ser un boyante empresario, dueño de varios lujosos restaurantes.

–¡Todo fue gracias a haber aprendido a controlar mis gastos!– me dijo.

Su historia me pareció tan inspiradora que lo invité a contarla durante uno de mis cursos. Él aceptó con gusto. Me comentó que para él era un placer el tener la oportunidad de ayudar a otras personas a través de sus vivencias. Así que al día siguiente llegó puntualmente a la clase.

–La Navidad se aproximaba –comenzó Pitágoras su relato– y nosotros, mi esposa y yo, preparábamos la comida para la fiesta de cierre de actividades anuales de una de las empresas más grandes de la localidad. Ese era nuestro ingreso de fin de año; con eso contábamos siempre para comprar los regalos para los niños y para celebrar nuestra propia fiesta de Navidad. Hacía un tiempo que lo veníamos haciendo así: entregábamos la comida y a los pocos días recibíamos el cheque. Todos los años había ocurrido lo mismo, menos ese, en el que las circunstancias hicieron que nuestra vida cambiara. Algo pasó con la empresa y el cheque no salió a tiempo, ni el 20, ni el 21 ni el 24…

La noche del 24 llegó ¡y no había dinero para comprar los regalos de los niños! Después de una frugal cena los pequeños se fueron temprano a la cama ilusionados, tratando de mantenerse despiertos para cuando viniera el Niño Dios con sus obsequios… pero esa noche el Niño Dios no pudo visitarlos.

Al día siguiente, el 25 de diciembre, los tres niños, como de costumbre, madrugaron a buscar sus obsequios, pero no los encontraron ni debajo de la almohada, ni en el clóset, ni en la cocina ni en ninguna parte; entonces vinieron a nuestra alcoba pensando que los teníamos escondidos. Nosotros nos hacíamos los dormidos temerosos de enfrentarlos; pero eso no duró por mucho tiempo. Los niños saltaron a la cama exigiendo que les ayudáramos a buscar sus regalos… Pitágoras trató de explicarles…, y ellos trataron de entender…, pero luego vino lo peor –a Pitágoras se le cortaba la voz recordando el episodio–: sus niños, sus hijos, sin siquiera intentar limpiar las lágrimas que resbalaban por sus mejillas, veían por la ventana cómo sus vecinitos, sus amigos, salían a la calle a mostrar sus nuevos juguetes, sus patines, sus bicicletas, sus muñecas.

Pitágoras maldijo una y mil veces la empresa que no les había pagado a tiempo. ¡Por su culpa mis hijos están sufriendo! Y así se lo hizo saber al gerente unos días más tarde cuando se presentó a reclamar su cheque.... pero fue entonces cuando recibió una lección que desde entonces jamás olvidaría.

El gerente, un hombre experimentado en los avatares de la vida, un hombre jovial y comprensivo, dejó que Pitágoras descargara su decepción y entonces le dijo:

–Pitágoras, ¿por qué quieres endilgar a la empresa la responsabilidad de velar por los regalos de Navidad de tus hijos? ¿No te das cuenta de que estás dejando en manos extrañas, en factores fuera de tu control, la felicidad de tu familia? ¿Acaso no guardas unos ahorros para atender eventualidades que siempre se presentan? Tendrías que haber tenido una reserva para esa circunstancia..., o para cualquier circunstancia similar. Te sugiero –continuó el gerente– que antes de culpar a la empresa o a los demás por tus problemas económicos, te mires a ti mismo. ¿Llevas un control de tus ingresos y tus gastos? ¿Manejas tu dinero a través de un presupuesto?... En el futuro trataremos de pagarte cumplidamente como lo hemos venido haciendo hasta ahora, pero no puedes contar con ello como cosa segura... La empresa no puede hacerse responsable de tus problemas económicos. Debes tener siempre presente que ¡el único responsable del bienestar de tu familia eres tú!...

Luego, más calmados los dos, el gerente le hizo caer en cuenta de la importancia de mantener un estricto control de sus ingresos y sus gastos mensuales y le dio algunas indicaciones sobre cómo debería hacerlo. Fue con esa información que Pitágoras desarrolló su propio modelo de ingresos y gastos, al cual él denominó "Proporción ideal entre ingresos y gastos para mantener una vida financiera sana" (Fig.3).

–... ¡Porque de eso se trata!; –decía animadamente Pitágoras en el curso, mientras nos explicaba el funcionamiento del formato– de saber con la mayor precisión posible cuánto gana uno al mes y en base a esa cifra

Figura 3

PROPORCIÓN IDEAL ENTRE INGRESOS Y EGRESOS MENSUALES PARA MANTENER UNA VIDA FINANCIERA SANA			
INGRESOS:			*El conocimiento preciso de los ingresos es fundamental para poder planificar la vida financiera.*
Sueldo mensual			
Deducciones			
Neto recibido	0		
Otros ingresos			
Total neto mensual	**$0**		
EGRESOS:	**IDEAL**	**REAL**	**DIFERENCIA**
Vivienda/servicios	0		0
Educación	0		0
Alimentación	0		0
Transporte	0		0
Salud y farmacia	0		0
Comunicaciones	0		0
Vestuario	0		0
Diversión y cultura	0		0
¿Deudas inapropiadas?	0		0
Otros gastos	0		0
Total egresos mensuales	**$0**	**$0**	**$0**
Ahorro mensual (10% del ingreso)	**$0**	**$0**	**$0**

establecer un nivel ideal de gastos para cada renglón... Eso sí, cuidándose de dejar siempre un remanente para el ahorro. Pero no basta con eso; –enfatizaba Pitágoras– es necesario hacer un chequeo periódico para asegurarse de que los gastos reales no superen los ideales, y cuando eso ocurre, saber en qué renglón nos estamos excediendo y aplicar los correctivos inmediatamente.

Pitágoras empezó a despedirse, pero no contaba con que los estudiantes no estaban dispuestos a dejarlo ir sin resolver algunas dudas.

–¿Qué significa el penúltimo renglón, el de deudas inapropiadas? –preguntó una de las asistentes al curso–. ¿Por qué está con interrogantes?

–Este renglón –respondió Pitágoras– se ha colocado en la lista de una forma temporal, con el fin de llamar la atención de las personas que tengan deudas malas, de aquellas que no han sido planeadas y por lo tanto les descuadran el bolsillo. Es necesario identificarlas y establecer una estrategia para liquidarlas cuanto antes. Una vez tengan sus finanzas en orden, este renglón deberá ser borrado. Una eficiente administración del dinero no debe tener ese tipo de deudas.

–Estos formatos están hechos para empleados, pero no todos los que estamos aquí lo somos. ¿Qué pasa con los empresarios, los profesionales o los trabajadores independientes que no tienen un salario como tal? –le preguntó otro de los muchachos, aprovechando que estaba hablando con un empresario que por supuesto tenía la respuesta precisa, por cuanto ese era su propio caso.

–Deberán simular que son empleados o, mejor aún, autoempleados y adaptar sus ingresos a este esquema – respondió Pitágoras con la autoridad que genera el conocer el tema no sólo en teoría sino por su propia experiencia–. Los esquemas salariales de las empresas han sido diseñados por expertos en comportamiento humano, quienes han estudiado diferentes formas de compensación para ayudar a los empleados a administrar el ingreso y han encontrado que la mejor manera es la de entregarles sólo una parte del dinero en efectivo y el resto en forma de beneficios prepagados, tales como los aportes a pensiones, seguro de salud, cesantías y otros. Así que yo les sugiero a los trabajadores independientes que adopten una política de administración del ingreso similar a la de las empresas, que establezcan un sueldo fijo acorde con los ingresos totales y que diseñen estructuras automáticas que les ayuden a crear su propio fondo de beneficios (aporte al fondo de pensión, seguro médico, reserva para las vacaciones y entretenimiento, reserva para casos de emergencia, etc.) y que dejen sólo una parte en efectivo para el gasto corriente. Esto evitará que se engañen a sí mismos pensando que están logrando una excelente utilidad en su gestión, cuando en realidad pueden estar privándose de los beneficios sociales mencionados anteriormente.

El ahorro sistemático

–¿Saben ustedes lo que tienen en común un plan de ahorro, un plan para bajar de peso y un plan para aprender otro idioma? –preguntó Pitágoras, y a continuación se respondió a sí mismo– ¡Que son tan recurrentes como difíciles de lograr!

Generalmente son los propósitos más comunes en cada nuevo año... año tras año. Se requiere un esfuerzo extraordinario que debe ser ayudado por ciertas tácticas para que puedan ser logrables. En el caso del ahorro, que es lo que nos ocupa ahora, el único método que ha demostrado ser consistentemente efectivo es el hacerlo de acuerdo con un programa de descuento automático, que haga que el dinero vaya directamente de la fuente de ingresos a una cuenta de ahorro que sea inaccesible en el corto plazo; un programa en donde la persona interesada en ahorrar no vea el dinero y no lo tenga considerado dentro de su presupuesto. Y que, cuando tenga la mala idea de gastarlo, no pueda hacerlo porque no está disponible. ¡Es importante que esté bloqueado!

–Eso está bien para un empleado que cuenta con un departamento de recursos humanos y algún plan de ahorro colectivo regido por estatutos que obligan a ahorrar, – argumentó otro de los asistentes– pero ¿cómo puede hacerlo un profesional independiente?

–De la misma manera –respondió Pitágoras–. El profesional puede hacer algo similar estableciendo un plan de ahorro automático con su banco. Todo lo que tiene que hacer es autorizarlo para que, mensualmente, tome una cantidad determinada de su cuenta corriente y la pase a una cuenta de ahorros o a algún plan de inversión que pueda tener el banco y que pueda alimentarse con pequeños aportes.

Antes de terminar su intervención, Pitágoras quiso dejar otro mensaje.

Antes de dejar el empleo

–Este formato –quiso terminar su intervención Pitágoras con un valioso consejo– es particularmente útil para aquellos empleados que en un momento dado piensen dejar su trabajo para dedicarse a actividades particulares. Deben tener en cuenta que, para mantener la calidad de vida que tenían como empleados, el ingreso a compensar no es solamente el salario neto que reciben durante el año, sino todo el paquete, incluyendo las prestaciones sociales. Mi sugerencia es que, si en algún momento sienten la tentación de abandonar el empleo para dedicarse a una actividad particular, antes de tomar una decisión hagan uso del formato. Esto les servirá de recordatorio de cuánto deberán generar para compensar el paquete completo que están recibiendo de la empresa.

Con este último comentario Pitágoras Rodríguez se despidió de la clase.

Temas de reflexión:

Si eres empleado: ¿sabes exactamente cuál es tu ingreso mensual promedio? ¿Sabes a cuánto equivalen los beneficios que recibes de tu empleador? Haz la cuenta para que sepas realmente lo que ganas.

Si eres independiente: ¿Estás cotizando para la pensión? ¿Tienes seguro médico? ¿Un plan de ahorro para adquirir vivienda y otros activos? ¿Reserva para vacaciones?

Notas personales:

....
....
....
....
....
....

Capítulo 20

Sin presupuesto no hay salvación... económica

Ejercicio.

¿Podrías sustentar la siguiente afirmación?

¡El presupuesto es el más importante
de los estados financieros!

La intención del ejercicio anterior es la de hacerte reflexionar sobre la importancia de esta útil herramienta financiera. Si ya conoces algo sobre el tema, te invito a que trates de responder antes de continuar con la lectura. De lo contrario, estudia primero el texto que sigue y al final trabajaremos sobre la pregunta.

Qué es el presupuesto

Empecemos por ver cómo lo define la Real Academia Española:

Presupuesto

"Cantidad de dinero calculado para hacer frente a los gastos generales de la vida cotidiana, de un viaje, etc.".

Para comprender mejor el significado de la palabra presupuesto, podemos abrirla en sus dos componentes:

Pre: *Anterioridad.*

Supuesto: *Considerar o suponer algo que va a ocurrir en el futuro, pero sin tener certeza de ello.*

Pre-supuesto: *Suponer los ingresos que vamos a recibir en los próximos meses y, con base en estos, fijar los egresos que podemos permitirnos.*

La única forma de poder llevar control de nuestras finanzas, para asegurarnos de que permaneceremos solventes y además de que estaremos dejando lo suficiente para ahorrar, es anticipar las entradas y las salidas de dinero. Pero no basta con hacer las cuentas mentalmente; es necesario ponerlas en blanco y negro en un pedazo de papel. Por supuesto, lo más conveniente es realizarlo en un formato prediseñado como el que aparece en la figura 4. Haz el ejercicio en una hoja de Excel.

El presupuesto es el equivalente al flujo de caja de las empresas. Es el documento de control periódico (diario, semanal o mensual) que nos ayuda a administrar los gastos, de acuerdo con los ingresos, con el fin de que en ningún momento nos encontremos sin dinero disponible. El presupuesto es la parte más importante de las finanzas personales. Este documento es la base sobre la cual se sustenta la creación de riqueza. Si hay un buen manejo del presupuesto viviremos confortablemente, sin apuros financieros y disfrutando permanentemente de un agradable bienestar económico; si, por el contrario, el manejo del presupuesto es deficiente, estaremos toda la vida en déficit y viviremos tensos, ansiosos, angustiados, en continua zozobra y permanente desazón…

Figura 4

EL PRESUPUESTO DE INGRESOS Y EGRESOS	Ene.	Feb.	Mar.	Abr.	May.	Jun.	Jul.	Ago.	Sept.	Oct.	Nov.	Dic.	Total
INGRESOS:													
Salario & relacionados													
Otros ingresos													
I. Total ingresos													
EGRESOS:													
Vivienda/servicios													
Educación													
Alimentación													
Transporte													
Salud y farmacia													
Comunicaciones													
Vestuario													
Diversión y cultura													
Deudas inapropiadas													
Otros gastos													
II. Total gastos del mes													
Ahorro mensual													
Ahorro acumulado													

luchando diariamente para pagar las cuentas. ¡Eso no es calidad de vida! ¡Eso lo que trae es tristeza e infelicidad!

El adecuado manejo del presupuesto no sólo nos genera un beneficio económico, sino que también enriquece nuestra vida al suscitarnos paz mental y ayudarnos a dormir tranquilos todas las noches; es imposible vivir holgadamente si no se realiza un manejo eficiente del dinero.

El presupuesto, el más importante de los estados financieros

Y, ahora sí, regresemos al ejercicio con el que se inicia este capítulo:

¿Por qué el presupuesto es el estado financiero más importante en el manejo de las finanzas personales?

Si bien los otros estados financieros (el balance y el estado de ingresos y gastos) son de una gran utilidad para diagnosticar nuestra situación económica, para saber cómo progresa el patrimonio y cómo estamos manejando nuestros recursos financieros, la herramienta que nos permite llevar a cabo los ajustes indicados en el diagnóstico es el presupuesto.

Por otra parte es imposible asumir los paradigmas que hemos visto hasta ahora y que son esenciales para producir el cambio de comportamiento que necesitamos para mejorar el desempeño en la administración de nuestra vida económica y financiera, sin el manejo adecuado del presupuesto:

- Para adoptar **el paradigma de la liquidez permanente**, necesitamos administrar los ingresos de manera tal que siempre tengamos efectivo de corto y mediano plazo. No hay forma de hacerlo sin el apropiado manejo de los ingresos y los egresos, lo cual sólo se logra con el presupuesto.

- **El paradigma de la recompensa futura** nos invita a balancear los gastos presentes con los futuros, es decir a ahorrar. El presupuesto es fundamental para ayudarnos a hacerlo.

- **El paradigma de la independencia financiera temprana** requiere de un aprendizaje igualmente temprano del manejo de los gastos con respecto a los ingresos. Es decir del presupuesto.

- El adecuado manejo del presupuesto es parte de la adquisición de **pericia para manejar el dinero**.

- El adecuado manejo del presupuesto nos evita el tener que acudir a **las deudas inapropiadas**.

- Para **nunca gastar más de lo que se gana**, es fundamental llevar un estricto control de lo que entra y de lo que sale... a través del presupuesto.

- **¿Ganar más o aprender a administrar lo que se tiene?** Los dos, pero en diferente orden: primero se aprende a administrar lo que se tiene (a través del presupuesto), se ahorra, y los rendimientos del ahorro nos llevan a incrementar el ingreso.

Todo lo anterior, unido a una correcta inversión de los ahorros, es lo que puede llevarnos a hacer realidad los sueños...

Sin embargo, no basta con preparar un presupuesto en el formato correspondiente. El seguimiento permanente, la conciliación periódica (semanal o mensual) de lo que dice el papel que debe haber de saldo con lo que efectivamente se tiene en el bolsillo y en el banco, es fundamental para lograr los resultados esperados.

Ocasionalmente el presupuesto nos mostrará que debemos abstenernos de comprar algunas cosas que queremos. En ese caso tendremos que analizar la situación y decidir si podemos postergar la compra o simplemente debemos olvidarnos de la misma.

> *"El presupuesto nos indica las cosas que no podemos permitirnos, pero no nos obliga a abstenernos de comprarlas".*
>
> *William Feather*

Creando el paradigma de mantener un control estricto de los gastos a través del presupuesto y haciéndolo con disciplina y consistencia, verás que poco a poco irá quedándote un remanente para el ahorro... Es entonces cuando estarás encaminado hacia el bienestar económico y financiero.

Es obvio que una persona que cubre holgadamente todos sus gastos y siempre logra tener un saldo acumulado positivo para los meses siguientes, disfrutará permanentemente de un placentero bienestar económico. Esa es la característica que más identifica a un verdadero autoprivilegiado.

Temas de reflexión:

1) ¿Tienes un estimado realista de los ingresos que vas a recibir durante los próximos doce meses?

2) Cuando pagas con tarjeta de crédito... ¿tienes previsto en tu presupuesto el gasto que estás realizando?, ¿dispones de fondos para pagarla al llegar la nota de cobro?

Notas personales:

....

....

....

....

....

....

PARTE II

APRENDE A INVERTIR
O ACOSTÚMBRATE A PERDER

Capítulo 21

Que el sacrificio de ahorrar valga la pena

¡Ahorrar no es nada fácil! Eso lo sabemos todos. Se requiere una alta dosis de disciplina, persistencia y una férrea fuerza de voluntad para hacerlo, pero al final puede conseguirse y atesorar un monto importante. El siguiente paso consiste en hacer que ese sacrificio valga la pena, invirtiendo eficientemente el dinero acumulado. Para ello es necesario desarrollar un cuidadoso plan de inversiones que nos lleve a colocar el dinero en lugares que lo hagan crecer de una forma consistente y con el menor riesgo posible. Para lograrlo se requiere tanto de conocimientos en la materia como de una asesoría apropiada. De no contar con los anteriores ingredientes se corre el riesgo de colocarlos en entidades en donde el rendimiento es ínfimo, o de caer en trampas financieras al tratar de buscar altos rendimientos. Para evitar cualquiera de las situaciones anteriores, es fundamental educarse en el campo de las inversiones; de esa forma se hará que los ahorros rindan adecuadamente y hagan crecer consistentemente el patrimonio…

Lo que debes saber sobre inversiones

El fascinante mundo de las inversiones es tan extenso como el de cualquier otra profesión, llámese ingeniería, medicina, derecho, arquitectura, etc. Se necesitan años de estudios y práctica para lograr convertirse en un

145

profesional en la materia y un poco menos para lograr ser un inversionista experto. Así es que los ahorristas que deseen lograr altos rendimientos deberán ser conscientes de lo anterior y dedicar tiempo y es-fuerzo en aprender a invertir eficientemente, antes de poner en riesgo su dinero en colocaciones que no comprendan. De no estar dispuestos a quemarse las pestañas sobre esa materia, la mejor recomendación que puedo hacerles es que dejen su dinero en una sencilla cuenta de ahorros y no intenten irrumpir en los mercados financieros, por cuanto, de hacerlo sin suficientes conocimientos, van a perder sus ahorros más rápidamente que el tiempo que les tomó acumularlos.

Para las personas que estén dispuestas a aprender, les sugiero el siguiente programa de estudios:

1. Estudia los diferentes aspectos del riesgo. Es un factor determinante, puesto que es lo primero que debe mirar se al pensar en realizar una inversión. Probablemente la lección más importante que debe aprenderse sobre las inversiones es que todas ellas conllevan riesgo. Si se trata de colocaciones relativamente sencillas, tales como una cuenta de ahorros o un depósito a plazos, es importante verificar que la institución en la que piensas colocar tu dinero esté afiliada a una entidad que garantice los depósitos. Generalmente todos los países tienen este tipo de entidades: FOGAFIN en Colombia, IPAB en México, FOGADE en Venezuela, FDIC en Estados Unidos, etc. Si se trata de inversiones más complejas, por ejemplo en la bolsa de valores, el único seguro que puede garantizarte tu dinero es el conocimiento profundo sobre los instrumentos en los que piensas invertir (bonos, acciones, fondos mutuales, carteras colectivas, etc.).

2. Aprende las diferencias entre una inversión de renta fija y una de renta variable. Es fundamental que comprendas y puedas identificar perfectamente cuándo estás entrando en una de ellas. Muchas veces el tema puede ser confuso. Para dar un ejemplo: algunas entidades promueven fondos mutuales o carteras colectivas de "renta fija". La verdad es que este tipo de instrumentos de inversión siempre son de renta variable. Sin embargo se usa el primer término debido a que sus principales componentes son productos de renta fija (usualmente bonos).

3. Analiza las diferentes maneras en las que una inversión puede generar rendimiento y asegúrate de comprender exactamente qué esperar de la misma: ¿rendimiento por apreciación de capital invertido?, ¿por intereses?, ¿por dividendos?

4. Evalúa tus características particulares como inversionista. Realiza un ejercicio de "política de asignación de activos" (Asset Allocation) para medir tu propia capacidad para asumir riesgos.

5. Estudia la conformación del sistema financiero: bancos, bolsas de valores, principales emisores de títulos, comisionistas de bolsa, entidades reguladoras, etc.

6. Familiarízate con las leyes que regulan el sistema financiero.

7. Etc., etc., etc.

Como lo mencionaba anteriormente, el fascinante mundo de las inversiones es demasiado amplio y complejo como para pretender resumirlo en un capítulo. Las siguientes notas pueden ayudarte a lograr una mejor comprensión de esta materia, así como motivarte a profundizar en la misma.

Un consejo importante: Si bien todos tendemos a ser muy respetuosos y a acatar las sugerencias de quienes se destacan, al momento de buscar asesoría para tus inversiones no tomes consejos de las personas más brillantes de tu comunidad (a menos que sean reconocidas como expertas en inversiones). Ellas pueden ser sabias en sus respectivos campos, pero las inversiones son otra historia...

Un par de ejemplos

- **Sir Isaac Newton:**

Puedes seguir sus recomendaciones relacionados con física, matemáticas, filosofia, la ley de la gravitación universal..., pero jamás sobre inversiones. El brillante científico derrochó gran parte de su fortuna en especulaciones financieras desafortunadas.

> *"Puedo calcular el movimiento de las estrellas,*
> *pero no la demencia de los hombres".*

Con esta frase Sir Isaac Newton expresó su decepción sobre la irracionalidad con que actúa la gente en los mercados financieros. Ocurría en esa época y sigue ocurriendo ahora. No existen fórmulas especiales que permitan anticipar con precisión los movimientos de los mercados.

- **Mark Twain:**

Gran escritor y orador, ganó mucho dinero con su talento, pero en el área de las inversiones no fue nada afortunado. Después de perder el equivalente a cuatro millones de dólares de hoy en una sociedad con un potencial inventor de una máquina de escribir que hubiese sido una verdadera novedad (si algún día hubiera salido al mercado), comentó:

> *"Si recoges a un perro hambriento y lo alimentas,*
> *él no te morderá. Esa es la principal diferencia*
> *entre el perro y el hombre".*

Da la impresión de que no terminó en muy buenas relaciones con su exsocio industrial.

Su opinión sobre los mercados financieros muestra que tampoco en este campo fue exitoso:

> *"Octubre es uno de los meses particularmente peligrosos para especular con acciones. Los otros son: julio, enero, septiembre, abril, noviembre, mayo, marzo, junio, diciembre, agosto y febrero".*

> *"Hay dos momentos en la vida de un hombre donde*
> *no debe especular: cuando tiene los medios económicos*
> *y cuando no los tiene".*

Tampoco su opinión sobre los banqueros era muy favorable:

> *"Un banquero es un amigo que te presta su sombrilla cuando el sol está brillando, pero la quiere de vuelta en el momento en que empieza a llover".*

Ahora, algunas citas de exitosos inversionistas...

- **Warren Buffett**
El inversionista más exitoso de todos los tiempos.

> *"Reglas del inversionista:*
> *Regla 1: Nunca pierdas dinero.*
> *Regla 2: Siempre recuerda la regla anterior".*

> *"A menos de que puedas soportar una caída del 50% en tu inversión, sin ser afectado por el pánico, no debes estar en el mercado de valores".*

> *"Un inversor necesita hacer muy pocas cosas bien si evita cometer grandes errores".*

En la siguiente cita, Warren Buffet concuerda con Newton sobre la irracionalidad de los mercados financieros. Afortunadamente para él, tuvo la habilidad de descubrir esta característica a tiempo y aprendió a sacar provecho de la misma.

> *"Recuerda que el mercado de valores*
> *es maniaco-depresivo".*

- **Benjamín Graham**

Conocido como "el padre de las inversiones". Intenta concientizarnos sobre la importancia de conocer y evaluar cuidadosamente cada inversión.

> *"El inversionista debe actuar como tal y no como un especulador. Debe poder justificar cada transacción desde un punto de vista objetivo, que lo deje totalmente satisfecho sobre su decisión".*

- **Peter Lynch**

Uno de los más reconocidos administradores de fondos mutuales o carteras colectivas. Nos alerta sobre la importancia de reconocer los momentos en los que es importante mantenerse al margen del mercado. Muchas personas pueden sentir que están dejando de ganar, pero es todo lo contrario. Mantenerse al margen significa estar haciendo seguimiento al mercado, listo para entrar cuando las verdaderas oportunidades se presenten.

> *"La clave para hacer dinero en la bolsa*
> *es saber cuándo participar en el mercado*
> *y cuándo mantenerse al margen del mismo".*

151

- **George Soros**

Famoso administrador de fondos mutuales, forex, y un gran filántropo. Él nos recuerda el principio del "óptimo económico".

> *"Cuando tenga más dinero del necesario para mí y para mi familia, estableceré una fundación para promover los valores y principios de una sociedad libre y abierta".*

Citas que nos recuerdan la importancia de adquirir conocimientos, antes de arriesgar el dinero:

> *"Invertir en adquirir conocimientos siempre paga los mejores intereses".*
>
> *Benjamín Franklin*

> *"Nunca inviertas en un negocio que no puedes entender".*
>
> *Warren Buffett*

La causa de las crisis financieras

De acuerdo con un artículo que encontré en Internet (sin firma de autor), la evolución del capitalismo del sistema tradicional al moderno ha sido la causante de las crisis financieras.

Del capitalismo tradicional
al capitalismo moderno

- ***Capitalismo tradicional****: Tienes dos vacas. Vendes una y te compras un toro. Nacen más vacas. Vendes la leche o las nuevas vacas y ganas dinero.*

- ***Capitalismo moderno:*** *Tienes dos vacas. Vendes tres de tus vacas a tu empresa que cotiza en bolsa mediante letras de crédito abiertas por tu cuñado en el banco. Luego ejecutas un intercambio de participación de deuda con una oferta general asociada, con lo que ya tienes las cuatro vacas de vuelta, con exención de impuestos por cinco vacas. La leche que hacen tus seis vacas es transferida mediante intermediario a una empresa con sede en las Islas Caimán que vuelve a vender los derechos de las siete vacas a tu compañía. El informe anual afirma que tú tienes ocho vacas con opción a una más. Agarras tus nueve vacas y las cortas en trocitos. Luego vendes a la gente tus diez vacas troceadas. Curiosamente, durante todo el proceso nadie parece darse cuenta de que, en realidad, tú sólo tienes dos vacas.*

Temas de reflexión:

Si tienes algunas inversiones ¿sabes con precisión el riesgo al que están expuestas? ¿Conoces el rendimiento que estás logrando?

Si la respuesta a las anteriores preguntas no es positiva, te invito a que analices cuidadosamente tus inversiones.

Notas personales:

....
....
....
....
....
....

Capítulo 22

Primero el riesgo…
luego el rendimiento esperado

*¡Al analizar una inversión potencial
lo primero que debe evaluarse es el riesgo!*

La frase anterior la pronunció el profesor en una de las clases sobre el módulo de inversiones. Para mi buena fortuna, esta se insertó en mi mente y me hizo recapacitar sobre una inversión que yo había realizado unos años antes y que estaba generándome unos excelentes rendimientos.

Mi experiencia con el Stanford Bank

Cuando me retiré de DuPont, empresa con la cual trabajé más de 30 años, aconsejado por algunos amigos bienintencionados coloqué el dinero de mi liquidación en el Stanford Bank. Para ese entonces (año 2000) sus certificados de depósito pagaban el 7% anual, cuando el mismo tipo de instrumento pagaba solamente el 3% en cualquier banco de los Estados Unidos. Al indagar con el ejecutivo que me atendió cómo era posible pagar unos intereses tan altos, vivir con el lujo en el que vivían y aún dejar un margen de ganancia para el banco, él me explicó que esto se debía a que sus expertos financieros eran unos verdaderos genios invirtiendo en la bolsa de valores, así que ellos hacían rendir el dinero de sus clientes lo suficiente como para pagarles el 7% de intereses y además dejar un interesante margen para el banco.   Para ese entonces yo no tenía los conocimientos financieros que tengo hoy en día y, por lo tanto, no me detuve a analizar el riesgo... solamente el rendimiento.

Durante mis estudios de especialización en Planificación Financiera, cuando estábamos viendo el tema de inversiones, el profesor de la materia lo expresó claramente, en letras bien destacadas: "Cuando está pensándose en realizar una inversión, lo primero que hay que evaluar con detenimiento es el riesgo. Si este es manejable, entonces se puede pasar a analizar el rendimiento". Este mensaje caló profundamente en mi cerebro, así que al día siguiente empecé a analizar el riesgo del Stanford Bank. No me costó mucho trabajo llegar a la conclusión de que mi dinero estaba corriendo un riesgo excesivamente alto. Así que me apresuré a sacarlo, aun teniendo que pagar la penalidad por retiro temprano. Luego lo coloqué en un certificado de depósito en EE.UU. que pagaba solamente el 3% anual, pero estaba protegido por la FDIC, la entidad gubernamental que garantiza los fondos de los ahorristas en ese país. Perdí cuatro puntos de rendimiento a cambio de dormir tranquilo. ¡Buen negocio!

¿Por qué tomé esa determinación tan tajante? Porque nada más al empezar mi investigación me di cuenta de que se trataba de un negocio inviable para el banco: el rendimiento promedio anual de la bolsa de valores de Nueva York, en el largo plazo, no supera el 7% anual. Eso es lo que

históricamente han obtenido los mejores gestores de portafolio. Así que era altamente improbable que los expertos de Stanford sí lo hicieran. Por otra parte realicé una investigación entre varios colegas (asesores de inversión independientes) que me confirmaron la validez de mi conclusión. La mayoría de ellos estaba de acuerdo conque lo de Stanford era un sinsentido.

La historia anterior me ocurrió en 2002, es decir seis años antes de que el fraude se hiciera público y el banco quebrara, causando pérdidas por cerca de ocho mil millones de dólares a sus clientes. Algunos amigos y conocidos míos perdieron todos sus ahorros en esa aventura. Si bien yo les había comentado mis conclusiones y la acción que había tomado, ellos fueron postergando la decisión… hasta que ya no hubo nada que hacer. Hoy en día se encuentran en la lista de reclamantes en una corte de Houston. Espero que puedan recuperar, al menos, una parte de sus ahorros.

Es fundamental considerar el riesgo a la hora de buscar dónde colocar el dinero. Por ejemplo, al abrir una cuenta de ahorros o una cuenta corriente, no es lo mismo tenerla en un pequeño banco recién creado y sin ninguna tradición de buen manejo financiero que hacerlo en una entidad de reconocida solidez y que cuente con un fuerte respaldo. Al enterarte de la próxima emisión de acciones en la bolsa, no es suficiente con que tu amigo, o el gerente del banco, o la bella representante que te las ofrece, te digan que es una inversión segura y de muy alto rendimiento. Confírmalo tú mismo. Investiga tanto la firma que está emitiendo los títulos como el intermediario que está ofreciéndotelos.

Es importante tomar en cuenta que el riesgo no se limita solamente a la entidad en la cual se colocan los ahorros. Existen muchos otros. Uno particularmente importante a tomar en cuenta, cuando se invierte en productos financieros tales como bonos, acciones, fondos mutuales, carteras colectivas, etc., es el riesgo de mercado, que consiste en que los precios de estos productos fluctúan permanentemente, a veces con unas caídas bastante pronunciadas que luego se recuperan, para volver a caer nuevamente. Esto es normal en los mercados. Sin embargo, si el producto que has adquirido no es de buena calidad, existe la posibilidad de que su precio caiga drásticamente y no se recupere, haciendo que los inversionistas pierdan, algunas veces, la totalidad de lo que han invertido.

Exodus, una acción de US$0.14 que llegó a valer US$180

Por el tiempo en que empecé a invertir en línea, en la bolsa de valores de N.Y., me dejé llevar, como la mayoría de los inversionistas, por el entusiasmo de las empresas "puntocom". Se les conocía como tales a miles de empresas tecnológicas que se iniciaron alrededor de Internet y que se cotizaban en la bolsa de N.Y. a unos precios absurdamente altos.

Una de esas empresas se llamaba Exodus y era la preferida de todos los inversionistas porque crecía como la espuma. Por la información que recuerdo de esa época, tenía la mejor tecnología del mundo y entre los clientes de sus productos se contaban empresas de la talla de IBM, Cisco Systems y otras similares. Por otra parte, sus acciones formaban parte de los portafolios de los más reconocidos fondos mutuales... En fin, era una acción "caliente".

Recuerdo que yo la compré a US$128 y un par de semanas más tarde ya estaba en US$150. Tuve la buena suerte de que, por esos días, leí un artículo de Alan Greenspan, para ese entonces presidente de la Reserva Federal, en el cual advertía a los inversionistas sobre la burbuja tecnológica que estaba formándose en el mercado. Impresionado por su advertencia, me dediqué a estudiar cuidadosamente a Exodus y descubrí que su precio en libros era de US$0.14 por acción. ¡Una acción cuyo valor real era de US$0.14 estaba negociándose en el mercado en US$150! Me di cuenta de lo absurdo de la situación y decidí venderla. Decisión que lamenté durante las siguientes semanas al ver cómo la acción siguió subiendo hasta llegar a US$180. Pero pocos meses más tarde empezó la debacle de las acciones tecnológicas: los precios empezaron a desplomarse vertiginosamente. La última vez que supe de Exodus, el precio de la acción estaba en US$0.50; luego desapareció de la bolsa al igual que muchas otras, haciendo perder a los inversionistas miles de millones de dólares. Exodus, así como la mayoría de sus compañeras de infortunio, cotizaba en NASDAQ, el índice de acciones tecnológicas. La caída en el precio de las acciones fue tan fuerte que once años más tarde el índice más representativo de las mismas, el NASDAQ-composite, aún está lejos de recuperar su valor. En el año 2000 este llegó a los 4.700 puntos y para finales de 2011 aún estaba por los 2.800 puntos.

Pero no sólo con las compañías que crecen por simples expectativas, sin basamentos reales, pierden dinero algunos inversionistas; también las grandes y reconocidas corporaciones hacen perder plata a sus accionistas. En el siguiente cuadro (Fig. 5) pueden ver, como ejemplo de lo anterior, el comportamiento de las acciones de cinco grandes corporaciones desde comienzos de siglo.

Con el transcurrir de los años se perderá la historia de General Motors Corporation debido a que la nueva empresa, General Motors Company, irá solapándola poco a poco. Solamente los accionistas que perdieron dinero en ella la recordarán.

Después de declarada la quiebra, en 2009, la antigua empresa se dividió en dos: la que quedó para los antiguos accionistas empezó a llamarse Motors Liquidation Company y siguió el proceso de liquidación. A mediados de 2011 algunos ilusos aún seguían especulando

Figura 5

COMPORTAMIENTO ACCIONARIO DE RECONOCIDAS EMPRESAS EN LA BOLSA DE VALORES DE N.Y.					
		Precio de la acción (US$)			
Nombre	Símbolo	Dic 00	Dic 07	Mar 09	Jun 11
General Motor Corp. (1)	GM	100	23	2	0.04
American Intl. Group	AIG	1972	1166	7	29
Citigroup	C	510	294	10	42
Ford	F	23	7	2	14
General Electric	GE	41	37	7	19

(1) Los accionistas de la antigua GM (General Motor Corporation) perdieron todo su dinero. A mediados de 2011 aún se especulaba con la acción en el mercado OTC (Over The Counter). La actual GM (General Motor Company) se inició en la bolsa de N.Y. como una nueva entidad.

con las acciones en mercados OTC (Over The Counter), que son negociaciones que se realizan directamente entre las partes, fuera del ámbito de las bolsas de valores. La otra, la que se quedó con los activos productivos, cambió su nombre a General Motors Company y regresó a la bolsa de valores de N.Y. totalmente renovada, pero -eso sí- conservando el mismo símbolo de la anterior (GM).

American International Group (AIG) también estuvo a punto de colapsar en la crisis de 2008, pero la intervención del gobierno la ayudó a sobrevivir. En su peor momento la acción llegó a valer US$0.45, pero luego se ha ido recuperando, aunque no en la magnitud que podría concluir un observador inexperto en las lides de los mercados financieros al ver el precio actual. La acción fue maquillada (legalmente) con el fin de darle una mejor apariencia ante los inversionistas. En julio de 2009 se reestructuró el esquema accionario de manera tal que cada unidad nueva quedó representando a 20 de las anteriores. De esta forma el precio de la acción aumentó en apariencia. Una acción que en junio de 2009 tenía un precio de US$0.90, de la noche a la mañana apareció en US$18.

La historia de Citigroup (C) es similar a la de AIG. Después de haber llegado a un precio de menos de US$1, en marzo de 2009 empezó a recuperarse. En mayo de 2011 también recibió su maquillaje de 1:10, es decir que diez acciones viejas fueron reemplazadas por una nueva, de manera tal que el precio aumentó diez veces, en apariencia.

General Electric (GE) y Ford (F) fueron otras de las conocidas empresas que pasaron por un momento difícil en 2008, pero han ido recuperándose. En el primer caso, una de las personas que supo aprovechar la crisis fue el hombre más hábil en los mercados financieros, Warren Buffet, quien invirtió alrededor de cinco mil millones de dólares en GE. Supongo que esto ayudó a la recuperación de la empresa, no sólo por la inyección de dinero, sino porque otros inversores siguieron el ejemplo.

Como puede verse por los casos anteriores, la inversión en los mercados financieros es delicada. Es un negocio de altísimo riesgo, particularmente para las personas que tratan de incursionar en los mismos sin la asesoría y sin los conocimientos necesarios. Observen que hago énfasis en la conjunción "y". Para lograr una inversión rentable, no basta con tener un buen asesor; es indispensable contar con conocimientos básicos sobre los mercados.

El riesgo de iliquidez

El sector inmobiliario es otra de las áreas en las que tradicionalmente han perdido dinero muchas personas. El siguiente episodio ilustra muy bien lo que les ocurre a muchas familias en diferentes partes del mundo, cuando sobreestiman su capacidad de pago y se endeudan por encima de sus posibilidades y sin calcular el riesgo.

Ana y José adquieren vivienda

Ana simulaba dormir al igual que su esposo, José. Ambos estaban desvelados pero cada uno trataba de hacer creer al otro que dormía profundamente. Mutuamente trataban de disimular su angustia para no aumentar el estrés de su pareja. Ya llevaban varias noches siguiendo la misma rutina, sin atreverse a hablar, a sincerarse uno con el otro… Pero esa noche Ana no pudo más.

–¿Qué vamos a hacer? –le preguntó a su esposo.

–¡No lo sé! –respondió este- con voz apagada, casi imperceptible. No se atrevía a hablar muy duro, temiendo que Ana notara sus deseos de llorar. Porque eso era lo que sentía en ese momento: le costaba respirar y le dolía el pecho, tan profundamente que temía que le diese un ataque

cardíaco. Luchaba para no dejarse dominar por la angustia. Pensaba que podría enfermarse y entonces... ¿quién cuidaría de su familia? Se lamentaba una y mil veces por haberse metido en la compra de esa casa tan costosa, por esa hipoteca que ahora se daba cuenta de que no podría pagar.

Cuando vieron la casa con su amplio salón, su acogedora habitación principal con ese esplendido "walk-in closet", las habitaciones para los niños, la cocina, los baños... todo era un sueño. Cuando Ana lo abrazó y lo besó diciendo "me encanta", él, sin pensarlo dos veces, le dijo al vendedor: "nos la quedamos". Y fue así como acordaron firmar el documento de opción de compra para la semana siguiente...

–¡Todo un fin de semana para repensarlo! –se recriminaba José en sus pensamientos- y no fui capaz de darme cuenta en qué estaba metiéndome. Todavía recuerda que la misma Ana lo invitó a pensarlo mejor, el mismo día en que él le dijo al vendedor "nos la quedamos", cuando aún no había firmado ningún documento, ni había entregado ningún dinero; cuando aún estaba a tiempo de reconsiderarlo... Mientras iban en el carro de regreso a su antiguo apartamento, Ana cautamente le preguntó.

–Mi amor, ¿podemos pagarla?

–¡Claro que podemos! –respondió con optimismo desbordado.

El primer banco al que acudió para solicitar el crédito se lo rechazó, por considerar que no tenía suficiente capacidad de pago, pero José no captó el mensaje; buscó a un contador que le maquilló los estados financieros y con estos fue a un segundo banco y obtuvo el dinero que necesitaba para adquirir la casa.

Al principio todo fue entusiasmo y emoción. Ellos no habían creído posible poseer una vivienda de esas

163

características. Les parecía increíble haberlo logrado. Pero pronto la carga de las pesadas cuotas mensuales empezó a saboteares la alegría. Tuvieron que recortar algunos gastos corrientes y sobrecargar sus tarjetas de crédito, pagando todos los meses el mínimo permitido. Pero en la medida en que pasaba el tiempo y el interés de las tarjetas crecía y crecía, el compromiso mensual se iba agrandando, hasta que llegó el momento en que no pudieron pagarlas... ni las tarjetas ni la cuota de la hipoteca. José acudió a la familia y obtuvo algún respiro, pero no fue suficiente. Acudió luego a los amigos y más tarde a los agiotistas...

Para no caer en una situación como la de los protagonistas de la historia anterior es fundamental analizar el riesgo que implica un crédito. Para el caso particular de la compra de inmuebles es imperativo estudiar cuidadosamente el tipo de crédito que está tomándose. Si este es de interés variable, es necesario tener un plan de contingencia, para el caso de que los intereses suban demasiado, como ha ocurrido en muchas oportunidades. Las deudas fuera de control causan estrés, angustia, ansiedad, afectan la vida diaria..., pueden conducir al embargo de propiedades valiosas para la familia, y eventualmente a la quiebra.

El caso mencionado, afortunadamente, tuvo un final feliz. Si bien José no había sido previsivo al calcular el riesgo financiero, sí lo había sido al pensar en la ubicación de la vivienda, lo cual fue determinante para salir del problema, por cuanto lograron venderla cuando llegaron a la conclusión de que no tenían otra alternativa.

Hay muchos otros riesgos que también deben ser analizados antes de comprometerse en una inversión: la inflación, el riesgo cambiario, políticas poco estables, costos ocultos, penalización por retiro temprano, etc.

La única forma de protegerse contra todos ellos es la educación financiera, para poder entenderlos y saber sortearlos cuando se presenten.

Temas de reflexión:

Piensa en las veces que has perdido dinero en alguna inversión y analiza las causas de las pérdidas.

Si crees que no has perdido dinero en una inversión, probablemente es porque nunca has invertido o porque no has sido consciente de la pérdida.

Notas personales:

....
....
....
....
....
....

Capítulo 23

Riesgo, rendimiento y educación financiera

Uno de los conceptos fundamentales sobre inversiones nos dice que riesgo y rendimiento son directamente proporcionales. De esa manera, si un inversionista desea lograr altos rendimientos, debe estar dispuesto a aceptar riesgos ídem.

Test de conocimientos financieros

¿Cuál de las siguientes inversiones es mejor: una que espera generar un rendimiento del 4% anual en bonos de la mejor calificación (AAA) o una que espera un rendimiento del 6% en acciones de una gran corporación de la talla de Apple o de IBM?

El rendimiento de una inversión es muy fácil de medir aisladamente (sin tomar en cuenta el riesgo). Se hace por simple comparación: una inversión de $100 que produce una ganancia de $10 en un año, es mejor que otra que produzca $9 en el mismo período. ¡Fácil de entender!

Ahora bien, cuando introducimos el factor riesgo, la medición se complica un poco. Para conocer el verdadero rendimiento la comparación debe hacerse tomando en cuenta que las dos inversiones tengan el mismo nivel de riesgo. Así por ejemplo, respondiendo la pregunta del test, una inversión de la cual se espera un rendimiento del 4%

anual en bonos triple A es mucho mejor que una que espera rendir el 6% en una acción de Apple, IBM o cualquier portafolio de acciones. La razón es que en la primera se tiene la certeza de que tanto el capital como los intereses que nos genere están garantizados; mientras que la segunda sólo será una realidad cuando se vendan las acciones y se recupere el monto invertido junto con la utilidad. Mientras no se venda, la ganancia será solamente teórica, por cuanto siempre existe la posibilidad de que un evento negativo del mercado, o de la misma corporación en la que se ha colocado el dinero, hagan que la acción pierda, no sólo el 6% ganado sino el capital invertido.

Lo mencionado anteriormente no es más que simple teoría académica. Parte de la base de que el inversionista conoce muy bien los conceptos de riesgo y rendimiento; pero en la práctica no es así. En la realidad el riesgo y el rendimiento están más relacionados con la educación financiera que con ellos mismos entre sí. El riesgo y el rendimiento dependen más de la persona que realiza la inversión que del instrumento en sí mismo.

Te invito, apreciado lector, a asumir, a partir de ahora, el siguiente paradigma:

Relación entre RIESGO, RENDIMIENTO Y EDUCACIÓN FINANCIERA

"El riesgo de una inversión disminuye y su potencial de rendimiento aumenta, en la medida en que el inversionista mejora su nivel de educación financiera".

Un par de ejemplos para confirmar lo anterior:

Un certificado de depósito es una inversión muy sencilla, considerada de bajo rendimiento y bajo riesgo, pero mucha gente se encarga de aumentar este último y termina perdiendo dinero, al abrirlo en una entidad poco sólida o por no saber que es una colocación a término, es decir a un plazo determinado y que si quiere su dinero antes del vencimiento deberá pagar una penalidad o tendrá que venderlo en el mercado secundario, asumiendo una pérdida.

Las "opciones", por otra parte, son instrumentos de inversión considerados de alto rendimiento pero también de altísimo riesgo; sin embargo, en manos de un inversionista experimentado mantienen su alto potencial de rendimiento, pero se convierten en unas herramientas no sólo de bajo riesgo, sino también fantásticas para amortiguar la incertidumbre de otras inversiones.

–¿Existen inversiones de alto rendimiento y bajo riesgo?

–Por supuesto que sí, pero no son para todo el mundo. Solamente los inversionistas educados financieramente tienen acceso a las mismas.

El paradigma anterior nos invita a mejorar nuestro nivel de educación financiera y con ello reducir el nivel de riesgo, y a la vez aumentar significativamente las probabilidades de lograr altos rendimientos en nuestras inversiones.

La clasificación que encontrarás a continuación es un intento de ayudar a los lectores a analizarse, desde el punto de vista de su educación financiera, en lo que respecta al área de las inversiones y a determinar a qué tipo de inversionistas se aproximan más. (Ver resumen en la Fig.6).

Tipos de inversionistas
según su grado de educación financiera

I. Inversionista inexperto:

- *Conocimientos financieros:* No domina conceptos financieros básicos tales como porcentajes, tasas de interés, interés compuesto, amortización, riesgo, rendimiento, estados financieros, balance, estado de ingresos y egresos, presupuesto, inversiones de renta fija, renta variable, etc.

- *Fondo de reserva:* No sabe lo que es un fondo de reserva para emergencias. Es probable que tenga un patrimonio considerable pero no dispone de liquidez para cubrir una necesidad imprevista o, por el contrario, puede tener unos ahorros abultados (más de los requeridos para el fondo de emergencia), reposando en una cuenta que le genera unos intereses pírricos.

- *Fondo para la pensión:* Si es empleado, está aportando al sistema obligatorio sin saber si se trata del régimen de reparto del Seguro Social o el de capitalización individual. No sabe si está acumulando semanas o dinero y, por lo tanto, sólo tiene una vaga idea de lo que puede esperar de sus aportes. Si trabaja en forma independiente posiblemente no se ha detenido a pensar en tener un fondo para la vejez, por lo tanto no está ahorrando en ninguna parte para la misma.

Inversiones de mayor rendimiento: En búsqueda de mayores ganancias se deja ilusionar por aventuras financieras que prometen altos rendimientos, sin entenderlas y sin evaluar los riesgos. Sueña con la riqueza inmediata a través de pirámides, forex, loterías, caballos y juegos de azar. Trata de aprovechar cualquier nueva emisión de títulos, de aquellos que la teoría indica que producen mejores rendimientos, pero que, al no saber manejarlos, lo que le causan a la larga son pérdidas cuantiosas.

Figura 6

TIPOS DE INVERSIONISTAS SEGÚN SU NIVEL DE EDUCACIÓN FINANCIERA			
	INEXPERTO	INFORMADO	EXPERTO
Conocimientos financieros	No domina conceptos básicos (porcentajes, interés compuesto, amortización, riesgo, rendimiento, balance, presupuesto, renta fija, renta variable, etc.).	Está familiarizado con los conceptos financieros básicos y sabe diferenciar los principales instrumentos de inversión (CDT´s, bonos, acciones y fondos mutuales).	Domina conceptos financieros avanzados. Conoce los productos y mercados financieros en los que participa.
Fondo de reserva	No sabe lo que es un fondo de reserva para emergencias.	Está consciente de que debería tener un fondo de reserva, pero no siempre logra completarlo.	Mantiene un fondo de reserva equivalente a seis meses de presupuesto, parte en una cuenta de ahorros, parte en CDT´s escalonados.
Fondo para pensión	Si es empleado, está aportando por obligación; no sabe a qué sistema ni qué puede esperar de sus aportes. Si es independiente, no se ha detenido a pensar en tener un fondo para la vejez.	Está consciente de la importancia de la pensión. No conoce con exactitud las características de los sistemas pensionales, pero trata de aportar el máximo posible en el obligatorio y/o alguno voluntario.	Conoce con precisión las características de los sistemas obligatorios y voluntarios. Aporta al que considera mejor para su situación particular. Se mantiene actualizado sobre regulaciones y comportamiento de los mercados.

Figura 6 (cont.)

TIPOS DE INVERSIONISTAS SEGÚN SU NIVEL DE EDUCACIÓN FINANCIERA		
INEXPERTO	**INFORMADO**	**EXPERTO**
Inversiones de mayor rendimiento Se deja ilusionar por aventuras financieras que prometen altos rendimientos, sin entenderlas y sin evaluar los riesgos. Sueña con la riqueza inmediata a a través de pirámides, Forex, loterías, caballos y juegos de azar.	No se deja entusiasmar por aventuras que ofrecen alto rendimiento. Se ciñe a la máxima "demasiado bueno para ser cierto" y se abstiene. Invierte sólo en lo que conoce. No logra altos rendimientos, pero no se expone a grandes pérdidas.	Está consciente de su nivel de conocimientos financieros. Conoce la importancia de tener un asesor de inversiones independiente. Busca inversiones del mayor rendimiento posible, pero siempre bien asesorado.
Planes de inversión estructurados Sin siquiera comprenderlos, adquiere seguros de vida con ahorro, seguros de estudios universitarios para los hijos y otros planes de compañías desconocidas ubicadas en paraísos fiscales ídem.	Cuando recibe ofertas de vendedores de planes de seguros e inversiones los analiza cuidadosamente. Se esfuerza en comprenderlos y sólo cuando lo logra, toma decisiones conscientes sobre los mismos.	No compra planes estructurados, por cuanto sabe que los costos de los mismos son excesivamente altos. Tiene cubiertas sus necesidades futuras con su fondo de pensión y sus inversiones de alto rendimiento.
Nivel general de riesgo Altísimo en cualquier inversión. Depende del factor suerte.	Medio. Comprende la relación entre riesgo y rendimiento.	Bajo, incluso en inversiones de alto rendimiento.
Inversiones financieras recomendadas Ninguna.	Aquellas que comprenda perfectamente.	Ayudado por su asesor de cabecera encuentra las mejores oportunidades de inversión.

Planes de inversión estructurados: Sin siquiera tratar de comprenderlos, adquiere seguros de vida con ahorro, seguros de estudios universitarios para los hijos y otros planes similares ofrecidos por compañías desconocidas, ubicadas en paraísos fiscales de los cuales no conoce ni

171

su ubicación geográfica. Paga sus cuotas religiosamente sin estar consciente ni de los riesgos ni de los altos costos que está asumiendo.

- *Nivel general de riesgo del inversionista inexperto:* ALTO, en todas sus inversiones financieras.

Algunos de los riesgos que está asumiendo:

A. Al no conocer los conceptos básicos estará jugando con amplia desventaja en cualquier negocio o transacción financiera que se le presente. Una parte importante de sus ingresos irá a parar a las arcas de las instituciones financieras o de las personas que sí se han preocupado por educarse financieramente.

B. Si no dispone de liquidez para atender una emergencia y esta se presenta, tendrá que hipotecar o vender su vivienda u otras propiedades para hacerle frente. Aunque, pensándolo bien, dudo que una persona que no sepa manejar conceptos financieros básicos tenga propiedades más allá de una vivienda hipotecada.

C. Si se trata de una persona que disfruta de altos ingresos que le dejan un buen margen para ahorrar, pero que no sabe invertir lo ahorrado y lo deja debajo del colchón o reposando en una cuenta de esas que pagan intereses por debajo de la inflación, estará dejando que su dinero pierda poder adquisitivo.

D. Probablemente no sabe cómo funcionan los sistemas de protección (FDIC, FOGAFÍN, FOGADE, etc.) y no hace el mejor uso de ellos, dejando que gran parte de sus ahorros quede expuesta a la posibilidad de quiebra de la entidad financiera en donde los mantiene.

E. Si no se ha preocupado por comprender los sistemas pensionales y está cotizando en el régimen de reparto (Seguro Social) y deja de trabajar como empleado, podría abandonar los aportes cuando le falten sólo unas pocas semanas para tener derecho a su pensión, o podría querer completar el número de semanas faltante, aportando un monto menor, con lo cual dañaría su promedio. Por otra parte, si está cotizando en el régimen de capitalización individual (AFP´s), y no sabe distinguir entre los diferentes tipos de portafolios que ofrezca su administradora, podría hacer una mala elección que lo llevaría a no acumular el capital suficiente para obtener una pensión decente.

F. Si no está cotizando a ningún sistema ni creando un fondo para la vejez, lo lamentará profundamente en el futuro. En la medida en que los mal llamados "años dorados" se aproximen y se dé cuenta de que no dispone de medios para sobrellevarlos, la preocupación hará mella en su salud, haciendo que los últimos años no sean para nada "dorados".

G. Al no comprender el mundo de las inversiones, el inversionista inexperto fácilmente puede dejarse llevar por la corriente y colocar sus ahorros en pirámides y otras aventuras informales o formales que no comprende. La simple fluctuación de los precios de una inversión de renta variable (acciones, fondos mutuales o carteras colectivas) o, peor aún, la presencia de una crisis financiera, pueden despojarlo de sus ahorros.

Un caso muy común es el de ejecutivos y profesionales independientes que al no saber qué hacer con los excedentes que les permiten sus altos ingresos, adquieren seguros de vida con componente de ahorro o inversiones acompañadas de seguros o planes de educación universitaria o cualquier otro tipo de planes estructurados ofrecidos por compañías ubicadas en paraísos fiscales.

Generalmente, al comprarlos, no comprenden el compromiso que están adquiriendo ni los costos ocultos de los mismos. Años más tarde, por alguna circunstancia, se enteran y pretenden retirarse. Entonces se encuentran con las cláusulas de su contrato que les indican que al retirarse del plan solamente podrán recuperar "el valor de rescate".

- *Inversiones financieras recomendadas para el inversionista inexperto:* NINGUNA. Estratégicamente deberá mantener en una cuenta de ahorros la cantidad requerida como reserva para emergencias (seis meses de su presupuesto de gastos) y el resto deberá invertirlo en algún negocio que conozca. Si trata de incursionar en los mercados financieros sin hacer el esfuerzo de comprenderlos, es casi seguro que perderá dinero. Sus posibilidades de lograr una ganancia en forma consistente serán muy limitadas. Dependerá solamente del factor suerte.

II. El inversionista informado:

- *Conocimientos financieros básicos:* Comprende conceptos financieros básicos tales como porcentajes, intereses, amortización, etc., los cuales le permiten evaluar una inversión sencilla. Conoce las diferencias fundamentales entre un certificado de depósito, un bono, una acción y un fondo mutual o una cartera colectiva. Cuando conversa con asesores o vendedores de productos financieros está en capacidad de comprender las características de los productos que le ofrecen. Si no las entiende, prefiere pasar y colocar su dinero en otra parte.

- *Fondo de reserva:* Sabe, por simple lógica y posiblemente por experiencia, que es fundamental mantener dinero disponible para atender cualquier imprevisto que pueda presentarse.

- *Fondo para la pensión:* Está consciente de la importancia de la pensión. No conoce con exactitud las características de los sistemas pensionales, pero trata de aportar el máximo posible con la esperanza de tener una buena pensión cuando llegue el momento de necesitarla.

- *Inversiones de mayor rendimiento:* El inversionista informado no se deja entusiasmar por aventuras que ofrecen rendimientos muy altos. Se ciñe a la máxima "demasiado bueno para ser cierto" y se abstiene de arriesgar su dinero. Invierte sólo en aquellos negocios que conoce. Generalmente no logra obtener altos rendimientos, pero tampoco se expone a grandes pérdidas.

- *Planes de inversión estructurados:* Cuando recibe ofertas de vendedores de planes de seguros e inversiones en paraísos fiscales, los analiza cuidadosamente, se esfuerza en comprenderlos y sólo cuando lo logra toma decisiones conscientes sobre los mismos. Sabe que son costosos, pero piensa que el costo vale la pena por cuanto tienen otras características que para él son valiosas. Evalúa cuidadosamente el compromiso que está adquiriendo y se prepara muy bien para cumplirlo a cabalidad y sacar el mejor provecho posible de su inversión.

- *Nivel general de riesgo del inversionista informado:* MEDIO. La gama de riesgo puede ser muy amplia por cuanto el inversionista informado sí conoce la

175

regla académica de las inversiones, según la cual riesgo y rendimiento son directamente proporcionales. El mayor riesgo para el inversionista informado puede ser el de cometer el error de sobreestimar sus conocimientos financieros y colocar sus ahorros en inversiones de alto rendimiento por su cuenta, sin la ayuda de un asesor. Es probable que al iniciar sus inversiones todo vaya bien, hasta que se le presenten los primeros problemas y no sepa cómo reaccionar ante ellos.

- *Inversiones recomendadas:* Portafolio diversificado con administración de un asesor financiero de su total confianza. Deberá evaluar frecuentemente su portafolio y mantener reuniones periódicas con su asesor para determinar posibles cambios en busca de mayores rendimientos o de minimizar los riesgos. Por otra parte, deberá estar consciente de los costos que implica cada cambio.

III. El inversionista experto:

- *Conocimientos financieros:* Domina una amplia gama de conceptos financieros que le permiten comprender e interpretar los eventos económicos y financieros que ocurren permanentemente tanto a nivel local como mundial. Conoce los productos y mercados financieros en los que participa, lo cual le permite administrar eficientemente su portafolio de inversión.
- *Fondo de reserva:* Permanentemente mantiene un fondo de reserva equivalente a seis meses de su presupuesto. Una pequeña porción del mismo en efectivo, otra parte en una cuenta de ahorros a la vista, en donde su dinero esté disponible en el

momento en el que lo requiera, y la mayor parte en certificados de depósito con vencimientos mensuales escalonados. Si eventualmente hace uso parcial o total del dinero de reserva, lo reemplaza a la mayor brevedad posible.

- *Fondo de pensión:* Conoce con precisión las características de los sistemas pensionales, tanto los obligatorios como los voluntarios. Aporta al que considera mejor para su situación particular. Se mantiene actualizado sobre regulaciones y comportamiento de los mercados. Si está cotizando al sistema de reparto (ISS) sabe exactamente cuántas semanas va a requerir y cómo mantener el mejor promedio para optimizar su pensión. Si aporta en el sistema de capitalización individual, tiene una cifra estimada del monto que deberá acumular para desarrollar el mejor plan de retiro posible, para lo cual elige inteligentemente el fondo de inversión más conveniente, de acuerdo con sus características particulares.

- *Inversiones de mayor rendimiento:* Sus conocimientos financieros lo hacen consciente de que no dispone ni del tiempo ni de la experiencia necesarios para incursionar en los mercados de valores sin la ayuda de un asesor. Con el apoyo de este, busca inversiones que le generan altos rendimientos bajo un nivel de riesgo bien calculado.

- *Planes estructurados:* No compra planes estructurados, por cuanto sabe que los costos de los mismos son excesivamente altos. Tiene cubiertas sus necesidades futuras con sus fondos de pensión y sus inversiones de alto rendimiento.

177

- *Nivel general de riesgo:* BAJO, en todas sus inversiones. Al manejar con fluidez los conceptos inherentes a las inversiones y contar con la experiencia y la ayuda de un asesor de cabecera, todas las inversiones en las que incursiona resultan de bajo riesgo.

- *Inversiones recomendadas:* El inversionista experto no necesita que el autor le recomiende qué inversiones hacer. Él sabe perfectamente cuándo los mercados se prestan para invertir o para especular. Sin embargo, dentro de su pericia, él entiende que debe mantenerse en contacto con su asesor para intercambiar opiniones y estar siempre actualizado sobre las tendencias de los merca-dos. Cuenta con la suficiente experiencia y madurez financiera como para no caer en las trampas ni del miedo ni de la avaricia. Interpreta las señales del mercado de cuándo entrar y cuándo salir. Comprende que no todas las transacciones pueden ser positivas, así que sabe asumir las pérdidas y retirarse a tiempo cuando lo considera necesario. Es consciente de que lo que importa es el promedio; que al final del año las transacciones ganadoras superen con creces a las que sólo han dejado experiencia. Porque, ¡eso sí!, a cada transacción negativa le saca su cuota de conocimiento.

Para concluir este capítulo, veamos lo que piensa sobre esta materia el mejor inversor de todos los tiempos:

> *"El mayor riesgo proviene de no saberlo que se está haciendo".*
>
> *Warren Buffett*

Temas de reflexión:

1. Analiza tu nivel de conocimientos sobre inversiones.

¿Cómo te calificarías?

a) Experto

b) Entre experto e informado

c) Informado

d) Entre informado e inexperto

e) Inexperto

2. ¿Están tus inversiones en consonancia con tu nivel de conocimientos sobre la materia?

Notas personales:

....
....
....
....
....
....

Capítulo 24

¡Demasiado bueno para ser cierto!

La conocida frase de alerta que encabeza este capítulo es tan popular que ya se ha convertido en un verdadero paradigma. Todo el mundo la conoce, pero muy poca gente sabe cómo lidiar con ella. Algunos, los más cautos, se ciñen a esta idea religiosamente y sencillamente prefieren mantenerse al margen de cualquier "oportunidad" que tenga esa característica, para evitarse problemas. Otros, por el contrario, los más ambiciosos, se dejan vencer por la tentación y dejan que el deseo de la ganancia rápida los domine, y entonces se lanzan al vacío... sin paracaídas. Un tercer grupo, una minoría muy pequeña, sabiendo que ocasionalmente se presentan anomalías en los mercados financieros, no pasan por alto estas "oportunidades", sino que las analizan cuidadosamente para determinar si se trata de una de ellas.

Demasiado bueno para ser cierto...
y efectivamente "NO ERA CIERTO"

¿Qué tienen en común DMG, Madoff y Stanford Bank?

Que todos han estado basados en el viejo y popular sistema piramidal o esquema Ponzi, una metódica estafa que se repite una y otra vez bajo diferentes estructuras en diferentes partes del mundo, debido a la nefasta combinación de ambición e ignorancia financiera de la gente. La primera de ellas, una característica humana no necesariamente negativa, mientras que la segunda sí es una terrible falencia causante de ingentes pérdidas económicas.

DMG: Una propuesta difícil de resistir

Imagínate que alguien te hace la siguiente propuesta:

–Invierte $1.000 en mi negocio y dentro de seis meses te devolveré $2.000.

–¡Demasiado bueno para ser cierto! –piensas para tus adentros y empiezas a despedirte...

Pero entonces te informan sobre la segunda parte de la propuesta:

–Al colocar $1.000 te daré una tarjeta prepago por el mismo valor, con la cual puedes hacer compras, de inmediato, en una lista de almacenes de reconocido prestigio...

La propuesta ya despierta tu interés, pero aún siguen las dudas. Investigas en algunos de los almacenes de la lista y te encuentras con gente que está comprando con las susodichas tarjetas. Hablas con los gerentes de los establecimientos, con las personas que están comprando... Las referencias todas son positivas: unas pocas personas te dirán que han estado invirtiendo en esa empresa desde hace más de un año y que siempre ha respondido: Así han adquirido varias cosas y, religiosamente, al plazo vencido, les han devuelto el dinero con los intereses prometidos. Otras, la mayoría, están haciendo el negocio por primera vez, pero confían ciegamente en él porque, al igual que tú, han hecho la tarea de investigar.

Resulta que tú eres una persona precavida y escéptica, además de inteligente. El simple sentido común te indica que no hay negocio legal en el mundo que pueda sostenerse con un esquema de ese tipo... Te viene la sospecha: debe haber droga o lavado de dinero de por medio. Vas entonces a las autoridades a investigar y te encuentras, no sólo con que la empresa ha sido investigada y que todo parece en orden, sino que personas con altos cargos en esos entes gubernamentales también están invirtiendo en el negocio... y, además, te informan que la empresa está expandiéndose exitosamente a los países vecinos.

Ahora te pregunto: ¿te sentirías tentado a invertir en esa empresa?...

Muchísimos colombianos no pudieron resistir la tentación. Cerca de 200.000 ahorristas colocaron alrededor de US$450 millones en DMG, la compañía que ofrecía esta atractiva propuesta... Me cuentan que las colas para colocar su dinero eran inmensas. Hasta el punto de que hacían colapsar el tráfico en los alrededores de las oficinas captadoras.

Pero el negocio de DMG se queda en pañales ante otros esquemas similares. Uno fue el del Stanford Bank, en donde los clientes perdieron cerca de US$8 mil millones de dólares. Otro todavía mayor fue montado por una de las figuras más emblemáticas de Wall Street, Bernard Madoff, quien estuvo defraudando a acaudaladas personas y entidades en todo el mundo durante muchos años. Se habla de una cifra cercana a los US$50 mil millones de dólares.

El modelo de negocios del DMG, Madoff y Stanford Bank, no es nada nuevo. Se le conoce como el "Esquema Ponzi", el cual es un sistema piramidal que no está respaldado por ningún negocio que genere altas ganancias, sino que el dinero para pagar los intereses se toma de las personas que van entrando. Por supuesto, el negocio funciona perfectamente mientras haya nuevos incautos que entren y otros que sigan reinvirtiendo lo que reciben...

pero en el momento en el que los nuevos participantes empiecen a disminuir y los montos de los intereses por pagar sean demasiado abultados... la pirámide colapsa... dejando a miles y miles de personas sin sus ahorros, mientras los promotores desaparecen o son aprendidos, como ocurrió en estos tres casos.

–¡Los primeros que entran ganan! –argumentarán algunos.

Generalmente no ocurre así; la codicia humana es infinita; los primeros que entran usualmente reinvierten lo que ganan, y si vuelven a ganar desean ganar más, entonces piden dinero prestado para invertir y aumentar sus ganancias y así acompañan al esquema hasta el final. Son muy pocos los participantes en este tipo de "negocios" que se salvan de salir con las tablas en la cabeza.

Carlo (Charles) Ponzi

El esquema Ponzi toma su nombre de un inmigrante italiano en los Estados Unidos que se hizo famoso por estafas que realizó a través del sistema piramidal. Su estafa más conocida la realizó cuando se dio cuenta de que los Cupones de Respuesta Internacional (una especie de sellos postales válidos en diferentes países) que sus paisanos inmigrantes enviaban a sus familiares que habían quedado en Italia tenían un precio muy superior en los Estados Unidos que en el extranjero, así que se ideó el negocio de comprar los cupones en Europa y venderlos en los Estados Unidos, un negocio perfectamente legal, con el cual convenció a muchos amigos y conocidos para que invirtieran en el mismo. Para motivarlos a hacerlo, Ponzi ofrecía intereses del 50% en 45 días, los cuales pagaba rigurosamente al momento del vencimiento. El rumor de estos fabulosos rendimientos se regó y muy pronto Ponzi tuvo colas enormes de gente a las puertas de su empresa "Securities Exchange Company", para entregarle su dinero que supuestamente se invertiría en el negocio de los cupones, pero que Ponzi gastaba alegremente, dándose una vida lujosa, y pagando los intereses con las captaciones de los nuevos miembros.

El esquema se vino abajo cuando un reportero se percató de que ni aun incluyendo los cupones impresos en todo el mundo habría suficientes para cubrir los que supuestamente Ponzi estaba negociando. La noticia se publicó en el "Boston Post", lo cual hizo que los acreedores se volcaran sobre las oficinas de Ponzi para reclamar su dinero.

Si bien la anterior fue la más famosa de sus estafas y la que dio nombre al "esquema Ponzi", no fue la única. Carlo Ponzi tuvo una larga historia de timos: falsificación de documentos en Canadá, contrabando de emigrantes italianos en Massachusetts, contrabando de material estratégico en Brasil, etc. Terminó su vida en la indigencia en un hospital de Río de Janeiro.

Demasiado bueno para ser cierto...
y efectivamente "ERA CIERTO"

Pero en los mercados financieros, ocasionalmente ocurre anomalías que representan oportunidades excepcionales de llevar a cabo inversiones de altísimo rendimiento y bajísimo riesgo. Estas oportunidades se presentan debido a distorsiones temporales en los mismos. Es el tipo de oportunidades que solamente las personas educadas financieramente -o muy bien asesoradas- pueden aprovechar, por cuanto su manejo requiere de conocimientos financieros para poder llevarlas a feliz término.

Los bonos de PDVSA

En 2007, en Venezuela, las distorsiones económicas habían hecho que el cambio oficial del dólar estuviese en Bs.2.150 y el dólar paralelo alrededor de Bs.6.000. Una brecha realmente atractiva para cualquier persona. Sin embargo no había una manera legal de aprovecharla, por cuanto el dólar oficial (el de Bs.2.150) estaba limitado para la importación de bienes esenciales, compras del Estado y otros ítems determinados. Pero en 2007 empezó a presentarse una verdadera anomalía financiera tan grande como un castillo.

Resulta que el gobierno necesitaba cantidades ingentes de dinero y la única vía que tenía para obtenerlo era la de realizar una emisión de bonos, pero, dado que la confianza de los inversionistas con respecto al gobierno venezolano estaba por el piso, no había muchas probabilidades de que sus emisiones fuesen medianamente exitosas. Entonces se les ocurrió una estrategia realmente atractiva para los inversionistas. Decidieron emitir bonos denominados en dólares, pero que podían ser adquiridos en bolívares a la tasa oficial (Bs.2.150 por dólar). Una vez asignados, los bonos podían venderse con descuento (alrededor del 30%), en los mercados globales y, luego, los dólares resultantes podían cambiarse en el mercado paralelo (Bs. 6.000 por dólar). Se trataba de una ganancia monstruosa en menos de una semana.

Para dar un ejemplo: una persona compraba un bono por el cual pagaba US$1.000 al cambio oficial; es decir que pagaba aproximadamente (con todos los recargos y comisiones) Bs.2.500 y luego vendía el bono en US$700 (con un descuento del 30%), los cuales vendía en el mercado paralelo en Bs.4.200.

185

Una vez cerrado el círculo, la ganancia superaba el 60%... Todo eso en menos de una semana. No estaba nada mal, ¿verdad?

La realidad del caso de PDVSA es que miles de personas perdieron dinero por no saber cómo realizar la transacción, mientras que solamente una pequeña minoría que disponía de los conocimientos y la logística apropiada para llevar a feliz término la operación logró resultados positivos.

Es importante tomar en cuenta que las anomalías son esporádicas y que deben tenerse conocimientos apropiados para aprovecharlas... Es necesario contar con un ojo entrenado para poder reconocerlas y habilidad para administrarlas eficientemente.

Una sugerencia final: si ves que una oportunidad luce demasiado buena para ser cierta y no cuentas con los conocimientos suficientes para analizarla y manejarla, es mejor que te mantengas al margen y dejes que los expertos, los que se han tomado el trabajo de educarse financieramente, las aprovechen... Ahora bien, si quieres tener acceso a este tipo de oportunidades, es necesario prepararte con anticipación educándote financieramente.

Temas de reflexión:

1) ¿Te has visto alguna vez tentado a invertir en un negocio "demasiado bueno para ser cierto"? ¿Cuál ha sido tu reacción? ¿Cuál el resultado?

2) ¿Cómo actuarías si se te presentara este tipo de oportunidades?

Notas personales:

....
....
....
....
....
....

Capítulo 25

La asesoría financiera NO es gratuita

Mi especialización en finanzas personales estuvo relacionada con varios descalabros económicos que por poco me dejan sin recursos para cuando esté menos joven. Hoy en día, mirando en retrospectiva, agradezco esos fiascos económicos porque me ayudaron a darme cuenta de la importancia de educarse financieramente. Inicialmente lo hice con el fin de resolver mis propios problemas financieros, pero, más tarde, al percatarme de que el desconocimiento sobre esta materia es un común denominador entre la inmensa mayoría de la gente, que sufre descalabros económicos, uno tras otro sin aprender de ellos, entonces decidí profundizar mis estudios y realizar un postgrado en Planificación Financiera Personal, para obtener la certificación como tal en la Universidad de la Florida. Mi intención era la de dedicarme a prestar asesoría financiera independiente (sin vínculos con ninguna entidad financiera), de la misma forma que lo hacen los asesores de inversión "Fee-only Advisors" en los Estados Unidos.

Cuando analicé el potencial de esa profesión en nuestro medio me ocurrió igual que al vendedor de zapatos en el África (al optimista); un cuento muy trillado en los talleres de ventas.

El vendedor de zapatos en África

Enviado por su empresa, fabricante de zapatos, a abrir el mercado de un país remoto de África, un vendedor, después de realizar un concienzudo estudio de mercado, envió un mensaje a sus jefes.

–Me regreso porque aquí no hay mercado. Aquí la gente no usa zapatos.

Otro vendedor, con una mente opuesta a la del anterior, se ofreció para hacer un nuevo estudio. Los resultados fueron los mismos que los del primer vendedor, pero la conclusión fue totalmente opuesta:

–¡El potencial es enorme! –decía su mensaje– ¡Aquí la gente no usa zapatos!

Mi conclusión también fue (y sigue siendo) la del segundo vendedor. El potencial es inmenso... pero no fácil, por cuanto, primero, es necesario romper con el paradigma que encabeza este capítulo y, en segundo lugar, muy contadas personas conocen esta profesión. Es de esperarse, sin embargo, que en la medida en que la educación sobre finanzas personales se extienda, los potenciales inversionistas empiecen a comprender la importancia de la asesoría financiera independiente y se convenzan de que esta sí tiene valor.

"Fee-only financial advisor", una actividad en ascenso

Una creencia muy común entre muchos inversionistas es que la asesoría financiera no tiene costo. Y lo interpretan así, debido a que son atendidos por especialistas de diferentes entidades financieras sin que nunca les pasen una cuenta de cobro por concepto de la asesoría que reciben...

La realidad es que la asesoría financiera está lejos de ser gratuita. De una u otra forma las entidades financieras la cobran (comisiones, cargos administrativos, margen de utilidad en productos que transan, etc., etc.). No hay nada irregular en ello. Así funciona el sistema y de esa forma las instituciones financieras pueden compensar a sus especialistas. El problema se presenta cuando los parámetros sobre los cuales se estiman las comisiones y demás cargos se prestan para que profesionales poco éticos abusen de los clientes, y estos no pueden hacer nada al respecto, debido a que no tienen forma de saber cuánto es lo que realmente están pagando por el servicio de asesoría.

Los productos financieros (bonos, acciones preferenciales, acciones comunes, carteras colectivas, etc.) nacen, crecen y se desarrollan de la misma forma que los productos industriales: parten de una idea, son sometidos a una evaluación de factibilidad, un estudio de mercado, una negociación con los potenciales clientes mayoristas (fondos de pensión y compañías de seguros, principalmente) y con los potenciales distribuidores para el mercado minorista (bancos, comisionistas de bolsa y otros) y, por último, son lanzados al mercado, respaldados por publicidad y una fuerza de ventas. En este último punto es donde entran a jugar su papel los asesores que trabajan para las entidades financieras. Son ellos los encargados de contactar a los clientes potenciales para explicarles las características de los productos, evaluar si estos son apropiados para ellos (de acuerdo con su nivel de tolerancia al riesgo), vendérselos y asesorarlos sobre el manejo correcto de los mismos para lograr el mayor beneficio posible.

La crisis de 2008 generó muchos cambios en el ámbito financiero en todo el mundo. En el área de la asesoría financiera se presentó uno que favoreció inmensamente el sector de los asesores financieros independientes ("Fee-only advisors"). Esto se debió principalmente a que grandes y reconocidas firmas financieras perdieron credibilidad con el público inversor al encontrarse que, atraídos por las altas comisiones que generaban, habían estado distribuyendo y recomendando -a través de sus asesores- productos altamente riesgosos a clientes que no estaban preparados para asumir esa clase de riesgo, provocándoles cuantiosas pérdidas.

Qué son los "Fee-only advisors" o asesores independientes

Los asesores financieros independientes generalmente son Planificadores Financieros certificados, con amplia experiencia en el mundo del dinero, que derivan sus ingresos de los honorarios que cobran a sus clientes por sus servicios. Su principal distintivo es el de no tener conflictos de intereses. Por una parte debido a que no dependen de las entidades financieras y por lo tanto no tienen compromiso de vender ningún producto específico; y, por la otra, su código de ética profesional que los inhibe de recibir comisiones, bajo ningún formato, de parte de las mismas. Esta característica hace que sus recomendaciones sean imparciales, estén dirigidas exclusivamente a beneficiar al cliente, y no estén influenciadas por el interés de ganarse una comisión.

En el mundo financieramente más avanzado esta actividad está en pleno auge. Los Estados Unidos, por supuesto, es el país en donde está más desarrollada. Las últimas estadísticas que conozco muestran que ya existen más de 5.000 firmas de profesionales que ofrecen este servicio; muchas de ellas agrupadas bajo la NAPFA (National Association of Personal Financial Advisors). En Europa las mismas autoridades financieras están propiciando la expansión de esta actividad: en Inglaterra, por ejemplo, la regulación prevé que, a partir de 2012, los asesores deben cobrar directamente a los clientes; en Italia es un grupo aún muy pequeño, pero se espera que con una nueva legislación que introducirá la entidad reguladora (CONSOB) esta profesión recibirá un impulso importante. En Alemania los inversionistas están demandando cada día más profesionales independientes.

En nuestros países, por el contrario, aún no se ha desarrollado esta actividad, debido a que -como lo mencionaba al principio- los inversionistas piensan que la asesoría financiera no tiene costo y por lo tanto se revelan ante la perspectiva de pagar por una consulta financiera. Probablemente México sea el país en el que más se ha desarrollado esta profesión. Inclusive ya tienen una asociación, la AMAII (Asociación Mexicana de Asesores Independientes de Inversiones).

¿Cómo cobran los asesores independientes? Usualmente se manejan dos modalidades. La más común es la de los asesores que administran portafolios de inversión y cobran un porcentaje anual sobre los fondos acumulados, que va desde el 0.5% para cantidades grandes (generalmente más de US$10.000.000) hasta 1.5% a 2% para montos de menor cuantía. La otra modalidad es el cobro de honorarios por hora. Las tarifas van desde los US$100 hasta los US$500 y más, que cobran los asesores más reconocidos.

Temas de reflexión:

¿Estás invirtiendo en algún producto que requiera la ayuda de un asesor financiero? ¿Sabes cuánto están costándote sus servicios?

Notas personales:

....
....
....
....
....
....

Capítulo 26

Si el precio de las acciones sube, es bueno para los inversionistas... ¡y si baja, también!

...¡La afirmación del título es cierta, si y sólo si se cuenta con los conocimientos apropiados!

Uno de los paradigmas más populares referentes a los mercados financieros, en particular a las bolsas de valores, es el de asumir que el aumento de los precios de las acciones siempre es bueno para los inversionistas, mientras que las caídas de los mismos siempre son dañinas. La verdad es que esta situación no es así: mientras que los inversionistas inexpertos se preocupan cuando caen los precios, se asustan y venden (regalan) sus títulos, los expertos aprovechan esas situaciones para maximizar sus ganancias.

Ilustremos el comentario anterior con un par de citas; la primera no sé de quién es, pero debemos suponer que es de un experto. La segunda es de alguien que no requiere presentación.

> *"En tiempos de crisis en los mercados financieros siempre aparecen dos tipos de inversionistas: los que lloran y los que venden los pañuelos".*
>
> *Anónimo*

"Cuando la marea baja se sabe
quiénes estaban nadando desnudos".

Warren Buffett

En términos generales las caídas de los precios son buenas para los inversionistas de largo plazo, particularmente para aquellas personas jóvenes (menores de 40 – 45 años) que, dada su edad, se encuentran en la etapa de acumulación, es decir que están invirtiendo para el futuro, usualmente para la pensión, y que cuentan con muchísimos años por delante para dar oportunidad a que los precios se recuperen. Ellas, en lugar de preocuparse, deberían alegrarse y aprovechar los bajos precios de los mercados para adquirir más acciones y posicionarse mejor para cuando los mercados se recuperen. ¡Comprar barato siempre es un buen negocio! Pero, para que eso sea así, es fundamental asegurarse de que el producto que está adquiriéndose sea de la mejor calidad.

¿Qué hacer ante la baja de los precios de tu portafolio?

–No hay una respuesta absoluta para la pregunta anterior; todo depende de las circunstancias del inversionista. Lo más recomendable es realizar un exhaustivo análisis para determinar en cuál de las siguientes situaciones te encuentras:

1. Si tu portafolio está conformado por carteras colectivas o fondos mutuales sólidos que difícilmente podrían colapsar, aun ante una crisis de grandes proporciones, lo más indicado es aprovechar la baja

de los precios para comprar más, con lo cual se reducirá el costo promedio del portafolio y se obtendrá una excelente ganancia cuando los precios reboten. Por supuesto, estoy refiriéndome a títulos realmente sólidos, de aquellos que representan grandes proporciones de los mercados globales y, por lo tanto, están afianzados con las mismas raíces del sistema económico mundial. Algunos ejemplos podrían ser fondos mutuales que siguen el índice Standard & Poors de las 500 compañías más importantes de los Estados Unidos (existen cerca de 100 de estos para escoger); ETF´s (Exchange Traded Funds) que siguen los grandes índices, como por ejemplo DIA, que sigue el índice Dow Jones; SPY, que se basa en el índice Standard & Poors; o EFA, que cubre las grandes corporaciones de Europa, Australia, Asia y el Lejano Oriente, etc.

2. Si tu portafolio está conformado por títulos individuales de algunas de las grandes empresas que conforman los fondos a los que se refiere el punto anterior y que son líderes dominantes de sus respectivas industrias, ¡no te confíes!; aun las grandes corporaciones pueden colapsar en el caso de presentarse una crisis profunda. Recuerda que en la recesión de 2007-2008 quebraron grandes y reconocidas compañías (General Motors Corporation y Lehman Brothers entre las más populares) y otras estuvieron a punto de hacerlo (Citigroup, AIG, Ford y muchas más).

¿Qué hacer para protegerse? Utilizar algunas de las herramientas de las que disponen los mercados para ello. Por ejemplo colocar topes de pérdida

("Stop loss") para minimizar el daño en caso de desplome de los precios, invertir en corto en acciones similares para compensar la posible caída, protegerse con opciones (Call o Put) que ayuden a mitigar el potencial golpe, etc. Si no entiendes los anteriores términos, es conveniente que converses con tu asesor sobre esta materia.

3. Por último, si tu portafolio está conformado por títulos individuales de pequeñas o frágiles compañías, de aquellas que no tienen el músculo financiero suficiente para capotear una profunda crisis financiera y corren el riesgo de desaparecer, es mejor vender, asumir la pérdida y aprovechar lo sucedido para ganar experiencia. Eso sí, tomando en consideración la definición que da el escritor Aldo Huxley sobre la misma:

"La experiencia no es lo que nos pasa,
sino lo que hacemos con lo que nos pasa".

Lo anterior significa que antes de pretender incursionar nuevamente en la bolsa deberás estudiar con dedicación sobre la materia, para que la próxima vez que se presente una crisis la aproveches para ganar y no dejes que la corriente arrastre tus ahorros. Las crisis financieras son cada día más frecuentes, lo cual significa mayores oportunidades para quienes se eduquen financieramente... pero también mayores amenazas para quienes no lo hagan.

Temas de reflexión:

Relee las citas del comienzo del capítulo y piensa en qué grupo te ubicarías. Si crees que estarías entre los que lloran o estaban nadando desnudos, es mejor que lo pienses dos veces antes de tratar de incursionar en los mercados financieros.

Notas personales:

....
....
....
....
....
....

Capítulo 27

No hay por qué avergonzarse de no saber sobre inversiones

Primero muerto que reconocer que no sé sobre inversiones.

Parece ser el lema de la gran mayoría de altos ejecutivos con los que he tenido la oportunidad de conversar sobre el tema.

Conversación sobre inversiones en un coctel de ejecutivos

–¡Tengo unas acciones que están produciéndome muy buenos intereses! –decía el presidente de una empresa– mientras hacía campanear un escocés de 18 años de su marca preferida.

–¿Sí? –respondió su colega– pues yo no quiero saber nada de acciones; son muy riesgosas. Me acabo de enterar de unos bonos de alto rendimiento y estoy pensando invertir en ellos.

–Pues yo también prefiero invertir en acciones –terciaba un tercero–. A propósito, me pasaron el dato de una próxima emisión que hará el gobierno mexicano...

La conversación anterior ocurrió por allá en las postrimerías del siglo pasado, durante la época dorada de los mercados financieros, cuando todas las personas que tenían dinero en acciones de la bolsa de valores de N.Y. veían cómo el precio de las mismas subía y subía sin cesar y, por supuesto, atribuían ese comportamiento a su habilidad para haberlas seleccionado. Generalmente se trataba de personas sin experiencia que, atraídas por el fantástico crecimiento que tuvo la bolsa durante esa época, compraban títulos al azar, sin realizar ningún análisis; simplemente basados en la referencia de algún vecino que tenía una acción que estaba creciendo e inmediatamente buscaban la forma de adquirirla. Y luego se comportaban como expertos en el tema.

El período de 1987 a 2000 fue un período de exuberancia financiera. La bolsa de valores de N.Y. crecía como la espuma. En esos doce años el índice industrial Dow Jones aumentó un promedio del 17% anual, con un período particularmente burbujeante entre 1995 y 2000, en el cual pasó de 3.800 a 11.550 puntos, es decir un crecimiento interanual del 25%, casi en línea recta.

Pero volviendo a la conversación sobre inversiones de los altos ejecutivos, es conveniente aclarar que las acciones no producen intereses sino dividendos, los bonos de alto rendimiento generalmente son bonos basura de un altísimo riesgo y que los países no emiten acciones.

Supongo que si alguno de los ejecutivos que participaron en esa conversación se enteró de las barrabasadas que estaba diciendo, entonces sí que tenía una verdadera razón para sentirse avergonzado.

Creo que ya lo mencioné en un capítulo anterior, pero no sobra repetirlo: el mundo de las inversiones es tan amplio y complejo como el de la medicina, el derecho, la arquitectura o cualquier otra profesión. No es posible ser un buen inversionista sin estudiar profundamente el tema. Por lo tanto, no hay por qué avergonzarse de no conocer sobre el mismo.

Temas de reflexión:

Espero que las reflexiones del capítulo 23 te hayan ayudado a ubicarte en lo que respecta a tus conocimientos sobre inversiones. Ahora tendrás que pensar en un plan de acción que te ayude no sólo a ti sino a tus hijos. Es fundamental que aprendan a administrar los ingresos, a ahorrar y a invertir eficientemente lo ahorrado; con ello ganarán un tiempo valioso en el proceso de creación de bienestar económico.

Notas personales:

....
....
....
....
....
....

Parte III

EL PROCESO HACIA EL BIENESTAR ECONÓMICO… HACIA LA PROSPERIDAD

Capítulo 28

Un proceso bien ejecutado
garantiza el éxito de la gestión

La parte III consta de un solo capítulo, en el cual se engranan los paradigmas vistos anteriormente a través de un proceso. Síguelo estrictamente con dedicación y así garantizarás el éxito de tu gestión como administrador de la empresa más importante: tu familia.

El funcionamiento de las empresas se basa en procesos. Es a través de estos que ellas producen bienes o servicios, los mercadean, los venden, administran apropiadamente el resultado de las ventas y, de esa forma, generan utilidades para sus accionistas.

El proceso de seguimiento es una actividad indispensable para garantizar que las actividades y tareas que se realizan como parte del plan para lograr el bienestar económico produzcan los resultados esperados.

El proceso para crear bienestar económico

El siguiente es el proceso de seguimiento que va a permitirte garantizar un resultado positivo en tu gestión económica y financiera. (Fig. 7)

Trimestralmente o, mejor aún, mensualmente, si te es posible, deberás realizar una evaluación de tu desempeño de la siguiente manera:

1. Actualiza el balance personal y corrobora si el renglón de patrimonio está creciendo de acuerdo con lo esperado. En caso positivo, date una palmadita en la espalda y continúa con la administración de tu dinero de la forma en que estás haciéndolo.
2. Si, al revisar tu balance trimestral, ves que tu patrimonio no ha crecido al nivel de lo esperado o que ha decrecido sin una razón que lo justifique (una baja temporal de los precios de tu portafolio de inversión, por ejemplo), deberás iniciar un procedimiento correctivo inmediatamente.

El seguimiento correctivo:

Paso 1: Actualiza tu estado de ingresos y egresos (proporción ideal entre ingresos y egresos para mantener una vida financiera sana) y analízalo cuidadosamente con el siguiente proceso:

A. Comienza por examinar las celdas de ingresos:
   –¿Estás percibiendo realmente los ingresos que esperabas? De ser así, entonces el problema está en los egresos.
B. Evalúa la columna ideal de egresos:
   –¿Son realistas los gastos ideales para cada renglón o es necesario modificarlos?
C. Anota, con la mayor precisión posible, los gastos reales del último mes y compáralos con la columna de los gastos ideales. Este análisis te mostrará los renglones en los que estás excediéndote. Te darás cuenta de que estás viviendo prestado, haciendo uso de la tarjeta o de otro tipo de créditos. Deberás aplicar los correctivos necesarios para asegurarte de no gastar más de lo que ganas, solucionar el

problema y volver a tomar el ritmo de la apropiada administración de los ingresos y los gastos.
D. Haz uso del formato de presupuesto para estimar los gastos de los próximos meses con las correcciones pertinentes.

Podría ocurrir que estés administrando apropiadamente el presupuesto y estés ahorrando lo suficiente, pero que aun así, el renglón de patrimonio del balance no esté creciendo. En ese caso deberás analizar tus inversiones:

–¿Están colocadas en instrumentos que están rindiendo lo que esperabas?

Si no están rindiendo lo esperado o están desvalorizándose, entonces tendrás que buscar la forma de cambiarlas a un lugar en donde el rendimiento sea cónsono con lo que deseas. Pero, eso sí, teniendo en cuenta el paradigma referente a riesgo, rendimiento y educación financiera que vimos en el capítulo 23. Vamos a recordarlo aquí:

Relación entre RIESGO, RENDIMIENTO
Y EDUCACIÓN FINANCIERA

"El riesgo de una inversión disminuye y su potencial de rendimiento aumenta, en la medida en que el inversionista mejora su nivel de educación financiera".

Sigue este proceso (Fig. 7) disciplinadamente; verás cómo poco a poco irá mejorando tu habilidad para administrar el dinero, con lo cual harás que tus ingresos aumenten de dos maneras: por un lado dejarás de pagar intereses y esa plata se quedará en tu poder en lugar de que vaya a parar a las arcas del banco o, peor aún, a los bolsillos del prestamista.

Figura 7

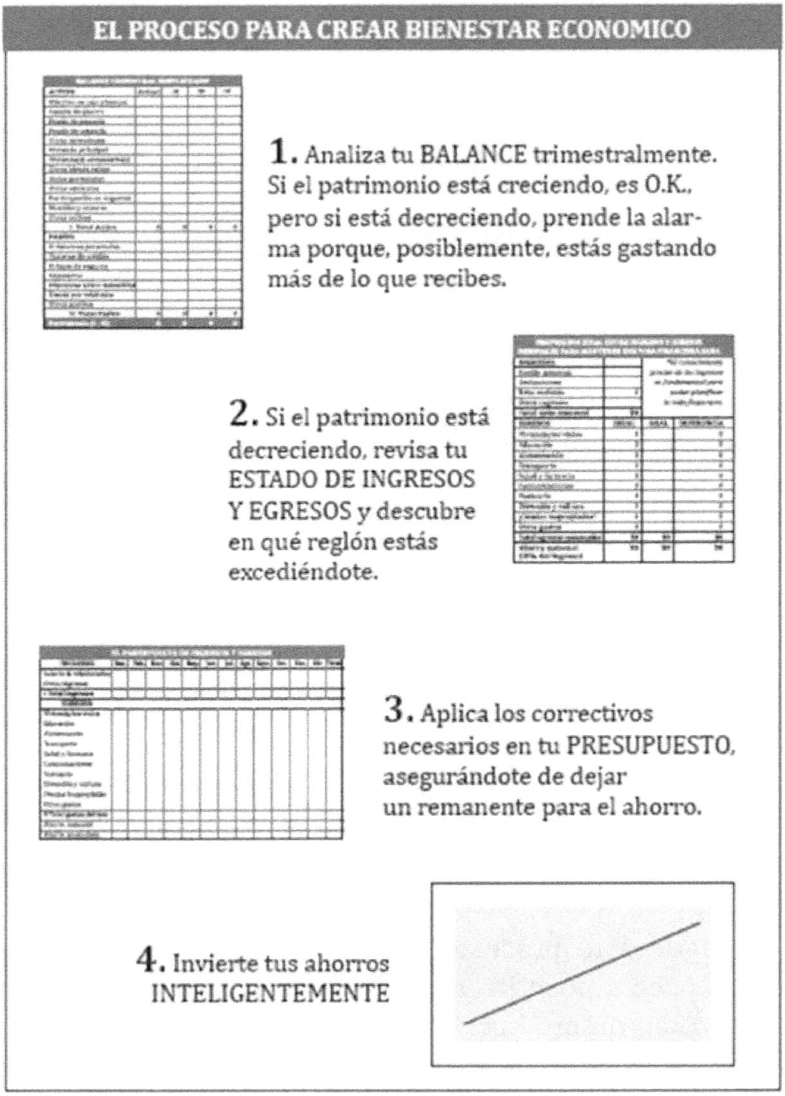

EL PROCESO PARA CREAR BIENESTAR ECONOMICO

1. Analiza tu BALANCE trimestralmente. Si el patrimonio está creciendo, es O.K., pero si está decreciendo, prende la alarma porque, posiblemente, estás gastando más de lo que recibes.

2. Si el patrimonio está decreciendo, revisa tu ESTADO DE INGRESOS Y EGRESOS y descubre en qué renglón estás excediéndote.

3. Aplica los correctivos necesarios en tu PRESUPUESTO, asegurándote de dejar un remanente para el ahorro.

4. Invierte tus ahorros INTELIGENTEMENTE

Adicionalmente, los ahorros bien invertidos comenzarán a generar intereses y/o dividendos que también ayudarán a engrosar tus ingresos y a alcanzar el tan ansiado bienestar económico, es decir suficiente dinero para cubrir holgadamente las necesidades económicas y la paz mental para disfrutar de la vida sin angustias financieras.

Temas de reflexión:

Cómo cosechar más y mejores tomates

Un nada exitoso cultivador de tomates le comentaba al técnico que le había recomendado el libro "Cómo cosechar más y mejores tomates", que este no le había sido de utilidad. La cosecha, se quejaba, había sido similar a la de la temporada anterior.

El técnico, que ya había pasado por casos similares, sacó de su maletín el ejemplar que siempre llevaba consigo y en la medida en que lo ojeaba empezó a interrogar al agricultor:

–¿Seguiste las instrucciones tal y como las da el autor?

–Bueno... más o menos –respondió el agricultor.

–¿Utilizaste las semillas que recomienda aquí? –le preguntó mostrándole el capítulo correspondiente.

–Bueno... estuve averiguando, pero eran muy caras, así que utilicé las de siempre ¡pero son igualitas! –se defendió el agricultor.

–¿Aplicaste las dosis de fertilizantes como lo recomienda el autor? –siguió preguntando el técnico.

–Eso de medirlas con tanta precisión me pareció complicado...

–empezó a explicar el agricultor, pero se interrumpió al observar la expresión del técnico.

Este último, por su parte, guardó silencio por un momento, antes de hacerle una última pregunta.

–¿Quieres que sigamos revisando el libro?

–Gracias joven –respondió sonriendo el agricultor–, ¡creo que no hace falta!

Notas personales:

....

....

....

....

....

....

Parte IV

LECTURAS COMPLEMENTARIAS

Capítulo 29

Ganarse la lotería no enriquece

El sueño de millones de personas en todo el mundo es ganarse la lotería para alcanzar bienestar económico y, en ese intento, gastan sumas ingentes de dinero, un dinero que de ser ahorrado consistentemente y bien invertido, las llevaría a lograr el tan ansiado sueño de convertirse en millonarias. Esas personas no saben que la riqueza instantánea sólo produce un bienestar económico esporádico, de muy corta duración.

Con el propósito de ilustrar el concepto anterior con mis alumnos de la universidad donde dictaba la cátedra de Planificación Financiera Personal, antes de que ellos entraran al aula, escribí la siguiente frase en el tablero:

Produce más felicidad acumular un millón de dólares, paso a paso, en un período de diez años, que ganarlos en la lotería de la noche a la mañana.

Cuando advertí que ya todos la habían leído, los invité a discutirla. Mi objetivo, lógicamente, era el de darles a entender cómo a través de un plan financiero bien estructurado, la construcción de riqueza se convierte en un proceso relativamente fácil y generador de muchas satisfacciones. Pero uno de los estudiantes me sorprendió.

–¡Yo no estoy de acuerdo con esa frase! –dijo enfáticamente–. Pienso que no son ni siquiera comparables. No me cabe en la cabeza que alguien piense que se pueda ser más feliz trabajando como un esclavo, madrugando día tras día y sacrificando cosas para ahorrar cada centavo, que resolver la vida de la noche a la mañana y no tener que volver a preocuparse por dinero. Piénsenlo nada más –continuó dirigiéndose a sus compañeros de curso–: un día te levantas dispuesto a ir al trabajo, pero antes de salir a enfrentarte al infernal tráfico, lees el periódico y te enteras de que has ganado la lotería... Recréenlo en su mente sólo por un momento –continuó el estudiante ensimismado–. Te empiyamas nuevamente, regresas a la cama calientita y empiezas a planear lo que harás con el dinero: imaginas la emoción de tu pareja cuando le des la noticia, tal vez en una tarjeta, con unas flores... ¡ya veremos!... ¿Y el jefe? Con qué palabras lo mandarás de paseo... ¡Debe ser algo realmente sensacional...! ¡Debe ser un momento indescriptible!

La mayoría de los estudiantes escuchaban absortos el arrobamiento de su compañero, mientras asentían con la cabeza...

Pero otra estudiante, la mejor de la clase, los sacó del enajenamiento.

–Estoy de acuerdo conque debe ser un momento indescriptible –repitió las palabras de su compañero–. Indescriptible pero poco duradero.

Otro estudiante, un joven empresario, hizo eco al comentario de su compañera:

–También es de conocimiento general que muchos de los herederos de grandes empresas no son tan felices como lo fueron sus predecesores, los que construyeron las corporaciones con su propio esfuerzo. Parece que el encontrar que todo ya está hecho les causa depresión e infelicidad.

A continuación intervino una joven psicóloga que estaba como asistente en mi clase.

–Ahora que lo mencionan –comentó–, estoy recordando un estudio realizado en la Universidad de Emory, en Atlanta, hace algunos años, según el cual determinaron que ni los ganadores de la lotería, ni los herederos de fortunas u otros que han recibido dinero sin esfuerzo, han logrado un nivel de satisfacción igual a quienes han construido riqueza a través del trabajo y el esfuerzo personal.

El estudio de "Emory University"

El experimento consistió en medir a dos grupos la actividad de la parte del cerebro relacionada con los procesos de recompensa y placer. Al primer grupo se le asignó la tarea de resolver unos retadores juegos de computadora, por cuya solución recibían dinero. Al otro grupo simplemente se le entregó un sobre con dinero, pero ninguna tarea. Al medir los resultados se dieron cuenta de que el grupo que tuvo que esforzarse por el dinero recibió mucho más placer y de mayor duración, mientras que para los que lo recibieron a cambio de nada, el "factor placer" fue mínimo y de menor duración.

Por otra parte, está comprobado que el 80% de las personas que se han ganado la lotería, cinco años más tarde están más pobres que antes de ganársela... ¿Por qué? Porque no saben manejar el dinero; se enloquecen y lo despilfarran rápidamente...

A propósito de lo anterior, viene a colación una noticia que leí hace algún tiempo, en importante periódico. Se trata de una historia real, relatada por una persona muy allegada al protagonista.

Millones de dólares... camino a la infelicidad

Jack Whittaker se despertó el día de Navidad de 2002 con la noticia de que había ganado $315.000.000 (sí, trescientos quince millones de dólares) en la lotería. El momento de emoción fue único... pero sólo el momento. Tan pronto los familiares, amigos, vecinos y demás personas conocidas y también desconocidas se enteraron de su riqueza, empezaron a asediarlo pidiéndole ayuda. Él se mostró muy generoso y regaló $50 millones. Pero las exigencias de la gente no llegaron hasta ahí; cuando dejó de regalar más dinero empezó a ser coaccionado a través de demandas legales de todo tipo, tanto a nivel personal como de sus negocios. Su placentera vida anterior de hombre acomodado y dedicado a sus negocios se convirtió en la de un acaudalado hombre dedicado a casos legales, tribunales y abogados... Llegó al punto de tener que responder por más de 400 reclamos legales.

Su vida social cambió radicalmente: empezó a ver a sus amigos, aun a aquellos que jamás le pidieron nada, como personas sólo interesadas en él por el dinero. Desesperado, Jack empezó a beber para calmar la ansiedad. Se convirtió en un hombre solitario, alcohólico y sin amigos.

Espero que el punto haya quedado bien ilustrado. El éxito financiero no consiste solamente en recibir dinero, mucho dinero, sino también en disfrutar el proceso. Cada logro, cada escalón que se avance, es un momento de satisfacción, un instante de felicidad. Para lograrlo es fundamental poder hacerlo con fluidez, sin angustias, sin estrés, de una forma en que las cosas se vayan desenvolviendo sistemática y programadamente.

Temas de reflexión:

¿Aún sueñas con ganarte la lotería? ¿Piensas que con eso lograrás tu bienestar económico y el de tu familia?

Sugerencia: Si tú, apreciado lector, eres de los que gasta dinero comprando lotería, decídete a dejar de lado ese gasto y, más bien, abre una cuenta de ahorros para guardar esos montos. Ya verás que al cabo de los años (con seguridad menos de los que te tomaría ganarte la lotería) ya habrás acumulado un monto importante, que tendrá el sabor de un logro bien alcanzado.

Notas personales:

....
....
....
....
....
....

Capítulo 30

Tu pareja... tu principal socio comercial

El título enseña el paradigma no como es, sino como debería ser. Lo usual hoy en día en las parejas es que uno de los dos lleve el control de las finanzas del hogar y el otro sea un socio pasivo en ese respecto. No le gusta el tema y no quiere involucrarse en nada. El siguiente artículo, que escribí para varios medios de comunicación, trata de mostrar la importancia de la coparticipación en los asuntos financieros del hogar.

El caso de María y Pedro

Conocí a María y a Pedro durante uno de mis seminarios sobre Planificación Financiera Personal. Era una pareja encantadora: inteligentes, amables, educados, y los mejores alumnos del curso. En las clases se veía que querían asimilar cada palabra, cada idea y, luego, durante los intermedios, se acercaban a conversar conmigo, tratando de profundizar en cada nuevo concepto, cada nueva técnica aprendida. Es difícil encontrar una pareja tan compenetrada y ansiosa de aprender sobre el tema de las finanzas personales...

Ellos mismos se encargaron de aclararme su ansiedad.

Al final del primer día se quedaron para hablar conmigo y me lo contaron: Pedro estaba recuperándose de un terrible accidente automovilístico que lo había dejado fuera del juego por algún tiempo. Durante varios meses había estado postrado en una cama, inconsciente, con pronóstico reservado.

–Gracias a sus oraciones –contaba María– el Creador se había compadecido de ella y le había devuelto a su esposo "sano y salvo". Pero también les había dejado una dura pero valiosa experiencia económica.

Cuando sufrieron el accidente, María se encontró sorpresivamente sin plata y sin saber de dónde sacarla.

Desde el principio de su matrimonio Pedro se había encargado de manejar los asuntos financieros y en su casa nunca había faltado nada. María siempre disponía de suficiente dinero para el mercado, los gastos del hogar y sus gastos personales. De los compromisos más grandes: la hipoteca, el crédito del vehículo, los colegios de los niños y todas las demás cuentas similares, se encargaba Pedro. Siempre se pagaban a tiempo y María ni se enteraba; y cuando iba terminándose el dinero del cajón de la mesa de noche de María, en donde Pedro lo colocaba todas las semanas para los gastos del hogar, él simplemente lo completaba, sin preguntas, sin reproches, sin reclamos, todo dentro de la mayor armonía y comprensión.

–La plata aparecía como por arte de magia; yo no tenía que preocuparme de nada –comentaba María.

En su casa no se hablaba de dinero. No había necesidad, todo estaba bajo control... Todo, menos los imprevistos como el que les ocurrió.

A los pocos días del accidente el dinero del cajón de la mesa de noche se agotó y dejó de aparecer. De pronto María se encontró sin recursos para cubrir los gastos básicos del hogar, tuvo que acudir a su familia para hacer el mercado y las cuentas fueron acumulándose. Ella no sabía cómo pagarlas, ni disponía del dinero para hacerlo. Acompañada por su padre acudió al banco en donde ella sabía que Pedro tenía la cuenta, pero el gerente del mismo, a pesar de

comprender y lamentar su situación, se disculpó por no po-
der hacer nada al respecto...

–¡Fueron días muy duros! –comentaba María–. Afortu-
nadamente mis padres me apoyaron y con su ayuda pude
obtener un préstamo del banco para cubrir los gastos prio-
ritarios. Sin embargo, las cuotas de la hipoteca se habían
acumulado, los colegios de los hijos estaban retrasados, les
cortaron los servicios; pasaron varios días sin teléfono y
María tuvo que rogarle al empleado de la compañía de elec-
tricidad para que no le cortaran la luz....

–¡Fueron días muy duros! –repitió María–.

Y lo más triste es que yo sabía que teníamos dinero,
pero no tenía ni idea de cómo acceder al mismo.

Afortunadamente Dios se acordó de mi familia y permitió
que Pedro se recuperase. Pero aprendimos la lección y por
eso estamos en este curso. Estoy decidida a aprender a ma-
nejar las finanzas de la familia...

Ahora reflexionemos sobre lo siguiente: ¿Es razonable
asociarse comercialmente con una persona que no está
dispuesta a compartir información sobre la situación financiera de la sociedad? ¿O qué tal un socio que no quiera
saber de las cuentas, ni intervenir en ningún aspecto financiero de la empresa? Si bien parece absurdo que
alguien estuviese dispuesto a hacerlo, eso es lo normal, lo
comúnmente aceptado, cuando se trata de la empresa
más importante de la sociedad: la familia.

Es importante que la pareja hable sobre dinero, que
los dos entiendan sobre la administración del mismo, que
planifiquen sus objetivos financieros en conjunto y que se
mantengan informados de los movimientos monetarios de
su compañera o compañero de lecho. Por supuesto, el
amor es lo primordial; sin este no hay forma de establecer

una sociedad de pareja exitosa; pero, si bien la plata no es el tema central de la empresa familia, como sí lo es de la empresa comercial, nunca debe dejarse de lado; es fundamental conversarlo desde el mismo momento en el que está gestándose el proyecto de compartir la vida con la otra persona. Y, por supuesto, es primordial que los dos mejoren sus conocimientos sobre finanzas personales. Una educación financiera sólida es garantía del éxito económico.

Temas de reflexión:

1. *Para el socio activo financieramente, el que lleva las finanzas del hogar:*
   ¿Has pensado en qué situación quedaría tu pareja en caso de tú sufrieras un accidente que te incapacitara o que fallecieras antes que ella?

2. *Para el socio pasivo financieramente, el que no quiere saber nada sobre las finanzas del hogar:*
   ¿Has pensado en qué situación quedarías si tu pareja sufriera un accidente que la incapacitara o falleciera antes que tú? Piénsalo bien, no sólo se trata de quedar con dinero suficiente o un seguro abultado, sino de saber administrarlo.

Notas personales:

....
....
....
....
....
....

Capítulo 31

Nunca es tarde
para educarse financieramente

Joaquín era un hombre de edad que estaba asistiendo a las clases sobre finanzas personales que teníamos en la universidad como parte del programa de educación continua. Era una persona callada que no se metía con nadie. Asistía juiciosamente a todas las asignaturas, intervenía, realizaba los trabajos y luego se iba tranquilamente a casa, sin quedarse a participar en los corrillos que se armaban usualmente después de la clase.

El incidente ocurrió una noche en la que uno de los jóvenes de la clase, uno de esos individuos desparpajados que no tienen el más mínimo grado de prudencia para decir lo primero que se les ocurre, interrumpió el comentario que Joaquín estaba haciendo sobre sus malas experiencias financieras.

–Pero abuelo ¿y usted ya para qué estudia?

El hombre se vio sorprendido por la pregunta de su compañero. Le costaba creer la desfachatez con la que el otro le había preguntado. Se aguantó las ganas de mandarlo a "no sé dónde" y le respondió educadamente.

–Amigo mío, nunca es tarde para aprender. Yo no tuve la suerte que tú tienes de poder estudiar este tema cuando aún estás a tiempo de aprovecharlo al máximo. No tuve a nadie, cuando tenía tu edad, que me abriera los ojos sobre la importancia del manejo eficiente de los ingresos. Así como he ganado mucho dinero en la vida, así lo he desperdiciado en inversiones estúpidas y negocios sin sentido; y no estoy hablándote de unos centavos –continuó después de una pausa–. Se trata de cientos de miles de dólares que, entre una aventura y otra, se me han quedado en el camino y, lo más triste, sin disfrutarlos. Generalmente han ido a parar a los bolsillos de personas y entidades financieras administradas por especialistas que sí han hecho la tarea de aprender sobre finanzas personales y que saben aprovechar sus conocimientos para quedarse con el dinero de quienes no la han hecho. Y no sólo estoy hablando de grandes estafas, estoy hablándote de situaciones del día a día: cuando estacionas tu dinero en la cuenta corriente o en una cuenta de ahorros de bajo rendimiento, ese dinero está depreciándose para ti, pero no para el banquero; él está haciéndolo producir y está llenando su bolsillo (no el tuyo) con tu dinero; cuando compras un seguro o un instrumento financiero sin analizarlo y sin enterarte de los altísimos cargos y riesgos que algunas veces estos implican, la entidad financiera está enriqueciéndose con tu dinero, no tú; cuando le entregas plata anticipada a un constructor con la esperanza de adquirir un inmueble al costo, sin evaluar cuidadosamente la viabilidad del proyecto, generalmente el dinero va a parar a una entidad financiera que está detrás del mismo.

–¿Quiere decir que las entidades financieras están llenas de pícaros? –preguntó otro de los asistentes a la clase.

–¡Absolutamente no! –replicó Joaquín–. Quiero decir que el sistema así funciona: quienes tienen el conocimiento tienen el control y, por supuesto, lo utilizan en su propio beneficio, lo cual eventualmente va en detrimento de las personas que no lo tienen. ¿Es justo? ¡Probablemente no! Pero así ha sido, es y será. Se trata de la naturaleza humana.

–O sea que quienes obtengan una educación financiera adecuada van a estar del lado de los que acumulan
la riqueza... en detrimento de quienes no la tienen –ade-
lantó la conclusión otro estudiante.

–¡De los pendejos! –intervino el imprudente- con su vo-
cabulario característico.

–Bueno, yo no lo diría de esa forma –respondió Joaquín pero así es. He tenido suficiente vida y experiencias
para saber que así funciona la sociedad, independiente-
mente de que se trate de un sistema capitalista, socialista,
comunista o como sea que quieras llamarlo. En todas partes estarán presentes los que acumulan la riqueza y los
que acaba de mencionar el compañero.

Los comentarios del hombre maduro parecieron haber
inyectado nueva energía a los participantes. Desde ese
momento parecieron más atentos que antes. ¡Ninguno
quería ser clasificado en el grupo al que estaba haciéndose
referencia!

–Pero respondiendo a la impertinente pregunta que
me hizo el amigo –quiso terminar el hombre– debo confesar que yo siempre he pertenecido al grupo que él
mencionó, pero que ya me harté de eso. Ya me aburrí de
la incertidumbre de no saber dónde colocar los ahorros y
de la búsqueda incesante de oportunidades de inversión
para crear la riqueza que me permita terminar la vejez de-
centemente. Aún estoy generando unos ingresos
razonablemente buenos; mi problema ahora es tiempo,
pero espero compensar el mismo con conocimiento. Sé que
ya no lograré reunir un monto voluminoso para mi retiro,
pero espero poder compensar el volumen del capital acumulado con el mayor rendimiento que pueda obtener del
mismo. De esa forma lograré una renta adecuada para
mantener mi calidad de vida. ¡Eso es lo que cuenta al final!

"Nunca es tarde para aprender".

Malcolm Forbes

Temas de reflexión:

¿Estás haciéndote viejo(a)?

Bien que seas una persona afortunada de esas que están disfrutando de una buena pensión, o que tu destino sea el de seguir trabajando por el diario sustento hasta el final, lo importante es que no te dejes envejecer mentalmente. Mantente joven, mantente activo(a), mantente siempre aprendiendo nuevas cosas, emprendiendo nuevos proyectos... ¡No te apoltrones! Porque la señora de la guadaña tiene predilección por los viejos inactivos.

Notas personales:

....
....
....
....
....
....

Glosario de términos empleados en el libro

Activos: "Conjunto de todos los bienes y derechos con valor monetario que son propiedad de una empresa, institución o individuo, y que se reflejan en su contabilidad". (RAE)

Ahorrar: "Reservar alguna parte del gasto ordinario. Guardar dinero como previsión para necesidades futuras. Evitar un gasto o consumo mayor". (RAE)

Anomalías: Son distorsiones que se presentan en los mercados financieros, creando oportunidades de excelentes ganancias con bajo riesgo.

Auto-privilegiadas: Personas que, gracias a su educación y su esfuerzo, disfrutan de una vida de verdadera calidad... durante toda la vida.

Balance: "Confrontación del activo y el pasivo para averiguar el estado de los negocios o del caudal". (RAE). El balance es una radiografía de la situación financiera de una entidad o de una persona en un momento determinado.

Bienestar económico: Suficiente dinero para cubrir holgadamente las necesidades económicas y paz mental para disfrutar de la vida sin angustias financieras.

Calidad de vida: Concepto utilizado para medir el bienestar general de una persona. Contempla todos los aspectos que tienen que ver con la felicidad del ser humano: salud

226

física, mental y espiritual; educación, empleo, vida social, riqueza, etc.

Cuotas: Monto que debe pagarse periódicamente para cancelar un compromiso financiero adquirido.

Educación financiera: Es el proceso mediante el cual las personas adquieren habilidades para administrar el dinero, lo que las capacita para generar bienestar económico, y así pueden brindarse -y brindar a sus familias- una vida de calidad... durante toda la vida.

Empresa "familia": Desde el punto de vista económico y financiero, la familia debe verse y administrase con la misma eficiencia con la que se administra una empresa industrial, comercial o de servicios.

Estados financieros: Son los documentos que proporcionan información periódica sobre la situación de una empresa, familia o persona. A nivel de finanzas personales solamente son necesarios tres estados financieros: el balance personal, el estado de ingresos y egresos y el presupuesto.

Etapas de la vida financiera: Las diferentes fases económicas por las cuales transita una persona, desde el nacimiento hasta el final.

Finanzas para papá: El primer libro en español sobre Planificación Financiera Personal.

Flujo de caja (presupuesto): Es el movimiento de entrada y salida de efectivo. El control del flujo de caja es el proceso más importante en la administración de una empresa, familia o persona.

Libros contables: Si bien en contabilidad este término se refiere a los cuadernos u hojas donde se registran las transacciones que sirven de base para elaborar los estados financieros, en finanzas personales se puede asumir que el término "libros" se refiere también a estos últimos.

Mediciones: Comparación con respecto al punto de partida. Se usan en los programas de mejora de la calidad para medir el progreso de los mismos.

Objetivos: Metas que se persiguen a través de un plan. Metas económicas, en el caso de la Planificación Financiera Personal.

Óptimo económico: El máximo nivel de riqueza que debe alcanzar una persona para ser feliz. De este punto en adelante más dinero no produce mejor calidad de vida ni más felicidad.

Paradigma: Los paradigmas son nuestros principios, nuestros valores, nuestras creencias, nuestras verdades,... las cosas que siempre hemos aceptado como ciertas, y sobre las cuales basamos nuestras acciones.

Paradigma de la independencia financiera temprana: Las personas con este paradigma saben que la única libertad es la financiera y luchan por lograrla lo más temprano posible en sus vidas.

Paradigma de la recompensa futura: Las personas con este paradigma son capaces de comprender que para lograr una buena cosecha es preciso sembrar y abonar el terreno. Desarrollan la virtud de la paciencia y la postergación de satisfacciones. Aprenden a balancear muy bien las necesidades del presente con las del futuro.

Paradigma de la solvencia financiera: Las personas con este paradigma están conscientes de que es absolutamente inaceptable estar sin dinero, ni siquiera momentáneamente, lo cual las obliga a mantener disciplina para controlar sus gastos.

Pasivos: "Valor monetario total de las deudas y compromisos que gravan a una empresa, institución o individuo, y que se reflejan en su contabilidad". (RAE)

Patrimonio: "Diferencia entre los valores económicos pertenecientes a una persona física o jurídica y las deudas u obligaciones contraídas". (RAE)

Planificación Financiera Personal: Es la plataforma sobre la cual se construye la riqueza personal y familiar. Es la herramienta que nos ayuda a administrar eficientemente nuestros recursos económicos y, por ende, a alcanzar nuestras metas financieras.

Plan financiero personal: El procedimiento que deben realizar todas las personas que deseen administrar el dinero inteligentemente y, por ende, crear riqueza para bridarse y brindar a sus familias una calidad de vida de verdadera calidad.

Planificación de inversiones: Es un proceso que tiene como finalidad ayudarte a invertir eficientemente tus ahorros. En ella se encuentran las herramientas necesarias para desarrollar estrategias efectivas de inversión, conducentes a lograr el mayor rendimiento posible bajo un nivel de riesgo que puedas asumir.

Planificación de retiro: Un plan de retiro no es más que un plan de inversión a largo plazo. El objetivo es el de acumular el capital necesario para obtener una renta que reemplace los ingresos cuando se termine el período de trabajo activo.

Planificación financiera básica: Es el área más elemental de las finanzas personales. Trata sobre las actividades cotidianas que una persona realiza para administrar su dinero: el manejo del efectivo, la cuenta corriente, la tarjeta de crédito, el balance personal, el presupuesto, el estado de ingresos y gastos, etc.

Plazo: Período que define una persona para lograr un objetivo o para pagar una obligación. Generalmente se considera como corto plazo hasta un año, mediano plazo hasta cinco años, y largo plazo de ahí en adelante.

PMA: "Puentes Mayorga Advisors", la compañía líder en educación financiera a través de la práctica de la Planificación Financiera Personal.

Presupuesto: "Cantidad de dinero calculado para hacer frente a los gastos generales de la vida cotidiana, de un viaje, etc.". (RAE). Herramienta financiera que sirve para estimar los ingresos y gastos futuros (pre-supuesto= suponer con anticipación).